«Car ils ne s'endorment pas
qu'ils n'aient fait le mal,
le sommeil leur manque
s'ils n'ont fait trébucher quelqu'un.»

(Proverbes 4:16)

Aux temps immémoriaux, bienheureux et bénis, en cet âge d'or qui précéda la Chute, je jouissais, moi Lucifer, de chacun des plaisirs infinis – autant que délectables – qu'offrait le Paradis. Admirable. Sublime. Somptueux. Glorieux. Et plus encore que vous ne pourrez jamais l'imaginer. Mais de quoi m'étais-je donc rendu coupable, moi Lucifer, pour avoir déclenché chez Lui une colère et un rejet aussi radicaux qu'irrémédiables, et m'être par là même privé de tout ce qui me ravissait ? Qu'est-ce qui, dans mes agissements, pouvait être assez vil pour m'envoyer rouler tour à tour dans la lave brûlante des volcans, et dans la glace du Styx ?

Je voulais être un auteur.

Vous venez de découvrir mon carnet intime.

Allez-vous tourner cette page, ou bien vous détourner ?

est-ce que j'existe ?

ma parole est-elle toujours mensongère ?

ce que je fais et ce qu'on dit que je fais : est-ce vraiment la même chose ?

mon apparence est-elle souple et fluide ?

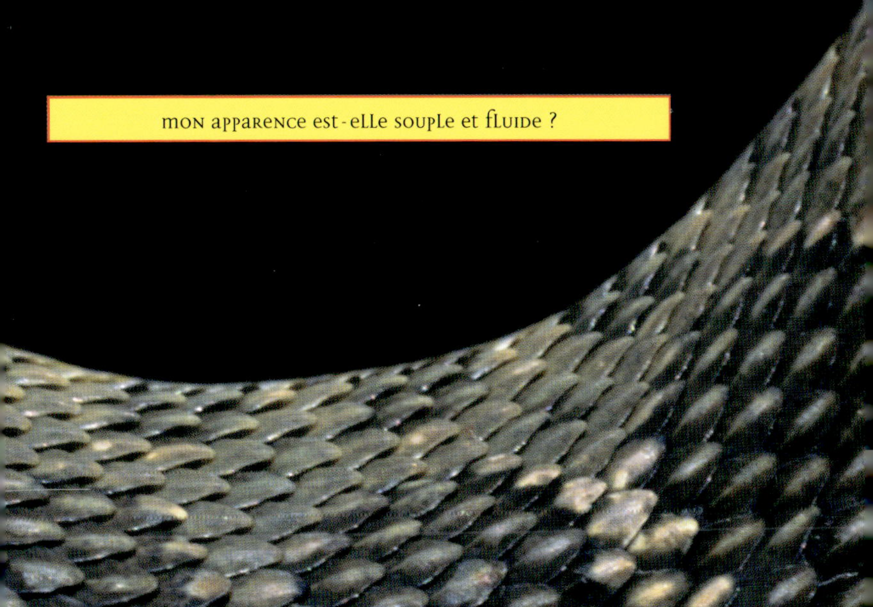

changeriez-vous de comportement si vous saviez ce que je sais ?

en sais-je réellement plus que vous ?

vous suis-je
utiLe ?

Le Diable

autobiographie autorisée et illustrée

Une apologie du diable : il faut souligner qu'il n'existe
qu'une seule version satanique de l'histoire.
Tous les autres ouvrages ayant été publiés par Dieu.

SAMUEL BUTLER

Ed Marquand

éditions abbeville
new york paris londres

La Lettre de Satan

MARK TWAIN

Cet endroit est étrange, extraordinairement intéressant. Il n'y a rien de semblable chez nous. Les gens sont tous déments, et les autres animaux aussi d'ailleurs. La Nature est démente, tous les êtres vivants sont déments, en fait la terre dans son ensemble est démente. Mais l'être humain est une curiosité sensationnelle. Les spécimens les plus achevés s'apparentent à nos anges plaqués-nickel, des classes inférieures ; quant aux plus sommaires, ils sont inénarrables d'horreur. Mais que son état soit resplendissant de perfection ou parfait d'abomination, l'Humain n'en demeure pas moins, dans tous les cas, une caricature ridicule et grotesque. Qu'à cela ne tienne, il se nomme lui-même effrontément et en toute sincérité : la «création la plus noble de Dieu» (ce que je dis est la vérité absolue). Et cela n'est pas un fait nouveau ; il le clâme et le répète, l'écrit, le dit et le redit inlassablement depuis des siècles, sans qu'un seul de sa race s'en soit jamais moqué.

Qui plus est, si je puis vous asséner un autre coup, l'Homme pense qu'il est l'enfant chéri du créateur. Il croit que le Créateur est fier de lui ; oui, et qu'il veille à sa sauvegarde avec un amour infini. Il va même jusqu'à le prier, croyant être écouté attentivement. Les prières de l'Homme surabondent de flatteries grossières où fleurissent les chants du plus mauvais goût. Et il s'imagine que Dieu ronronne de plaisir à l'écoute de ce fatras d'insanités extravagantes. Le seul but de ces prières quotidiennes est, bien entendu, d'obtenir l'aide, la protection et les faveurs dont l'Homme a besoin. Il s'enferre, avec espoir et confiance, bien que presqu'aucune de ses prières n'ait obtenu de réponse à ce jour. Rien ne le rebute, au contraire, les échecs et les humiliations quotidiennes ne font que renforcer sa foi. Il y a quelque chose d'émouvant dans une telle obstination. Dernière affliction : l'Homme est persuadé qu'il est destiné à séjourner un jour au Paradis.

Il va même jusqu'à rémunérer des sortes de professeurs pour répandre ces légendes. Ceux-ci enseignent également qu'il existe un Enfer, une sorte de feu éternel où iront croupir tous les Humains qui ne respectent pas les Commandements. Que sont les «Commandements» ? Ah, c'est là aussi une véritable curiosité locale, dont je vous réserve ultérieurement la découverte...

J'ai nommé le Diable, il est venu à moi.
Moi qui craignais de découvrir sa forme,
Je vis un homme ni hideux ni bancal.
Charmant, courtois et bien de sa personne.
Car le Diable est dans la fleur de l'âge.
Homme du monde, raffiné, diplomate,
Ayant le sens de la répartie, de la controverse,
Il m'a entretenu et de l'Église et de l'État,
avec une aisance certaine.

QU'ON NE S'Y TROMPE PAS

Je vous mets au défi de trouver, dans toute l'histoire, la littérature et l'art en général, un personnage plus fascinant que moi. Vraiment, je vous le certifie, et vous pouvez me croire : vous ne le trouverez pas. Car qui d'autre que moi aurait pu captiver pareillement autant d'esprits frustes ou raffinés ? Si l'on s'amusait à faire la liste de tous ces gens, je vous garantis qu'on obtiendrait une foule assurément bigarrée ! Mais ce ne serait là qu'exercice futile, perte de temps et rien d'autre. Mieux vaut en venir tout de suite à ce qui est réellement intéressant : Moi.

Il faut reconnaître que je suis constitué d'éléments si nombreux et divers que ma personnalité ressemble plus à un patchwork qu'autre chose. La biologie n'a, bien entendu, rien à faire dans mon évolution, qui s'est stratifiée au cours de quatre mille ans, ou presque. Me suis-je créé moi-même ? Est-ce Dieu ? Ou encore ceux qui se servent de mon nom pour obtenir le pouvoir ? Suis-je le fruit des égoïsmes individuels ? A quelles mains prestes et habiles dois-je l'ouvrage de mes traits ?

Bien que d'aucuns prétendent me connaître, tous renient ma paternité ; théologiens et paysans, érudits et politiciens, riches et humbles, subtils et emphatiques, cruels et bienveillants, avant-gardistes et rétrogrades, tous m'ont jeté leur pierre, impertinente et affutée. Je suis malléable, il est vrai, puisqu'en réalité je ne suis personne. Personne qui ne soit né de vous.

Le diable comédien

Il peut choisir d'être ce qu'il veut. Il est partout, dit le démonologue Denis de Rougemont. Selon lui, le Malin se plaît à faire croire qu'il n'existe pas. «Je ne suis personne», dit-il. Mais en réalité, il est légion. Par définition, il est impérialiste : gangster à l'affût d'un kidnapping. Il parvient à nous faire douter de la réalité de la loi divine : il est menteur, tentateur, sophiste, et quoique n'étant personne, il peut incarner autant d'êtres qu'il en existe. Cela est vrai : le diable est polymorphe en l'esprit de l'homme, contrairement à Dieu, dont l'image originelle du vieillard sage et bienveillant ne s'est pas modifiée au cours des siècles. Le diable est un moderne.

KURT SELIGMANN

... BIEN PLUS QU'UN DÉMON MINEUR

Quoique toutes les civilisations aient eu leurs diables, mes vraies racines se trouvent au Moyen-Orient. Zarathoustra, le sage persan du XVIIe siècle avant J.-C. fonda une religion bien avant le christianisme : le zoroastrisme, fondé sur l'opposition des forces du bien et du mal. Les puissances de lumière sont conduites par Ahoura Mazda, et celles de l'ombre par Ariman. Les chrétiens doivent nombre de leurs histoires, de leurs personnages et de leurs légendes aux zoroastriens. Donnez-vous la peine de les étudier et vous y découvrirez des similitudes troublantes.

La nécessité de ma présence dans le monde a grandi avec l'essor du christianisme. J'ai été une force d'opposition non négligeable au personnage omnipotent de Jésus-Christ, et j'ai contribué à affermir le pouvoir de l'église en remettant dans le droit chemin les sceptiques, les hors-la-loi et les fauteurs de troubles en tous genres. Et l'ironie du sort, voyez-vous, c'est que ma réputation a grandi proportionnellement à celle de mon adversaire.

Peut-on appeler cela de la politique liturgique ? Peut-être. Je ne vais certes pas renier le plaisir que je prends à tailler dans la plèbe.

Suis-je le dernier animal politique ? Toujours est-il que je connais un petit jeune homme de bonne famille, qu'on appelle «le Sauveur», et qui goûte au moins autant que moi ce genre de divertissement.

Pan et Dionysos : un air de famille

J'ai été nommé «Vieux Lubrique», c'est une appellation que je ne conteste pas. Les très populaires satyres, mes cousins grecs, étaient abominablement grivois et obscènes. Les rois des satyres étaient Pan et Dionysos, les cultures païennes utilisèrent beaucoup d'énergie à les sanctifier.

Lorsque la très vorace religion catholique prit son essor, elle comprit combien la conquête et la conversion étaient facilitées par l'assimilation culturelle. Utilisant le potentiel de dévotion local des dieux et déesses, elle s'appropria très ingénieusement leurs prouesses pour les attribuer indûment aux représentants de son ordre. Les effectifs sacrés se gonflèrent et cette pratique de transfert s'avéra à la fois nettement moins coûteuse, et de loin plus efficace, que toutes les stériles guerres de religion.

Mais Pan, Dionysos et moi-même étions d'une autre engeance. Notre extraction était trop puissamment maléfique pour être intégrée, même par les catholiques. Puisque, donc, l'Église ne pouvait nous recycler, pour nous intégrer dans son panthéon, elle allait devoir nous étiqueter tous sous l'appellation unique : âme noire, irrémédiablement perdue. J'apparus donc, moi le patriarche des démons, sous une forme hybride ; mi-homme, mi-chèvre, doté de cornes, d'oreilles pointues, de sabots crochus, et d'un sourire vicieux, une étincelle diabolique dans le regard… L'Église n'ignorait pas l'importance de l'imagerie, moi non plus.

L'excès provoqua la chute

Mon existence était des plus douces. Le Paradis, c'est tout ce qu'on peut imaginer de meilleur, et beaucoup plus encore. Mais même là-bas, l'honneur a son prix.

J'étais le véritable Fils aux cheveux blonds, et ma position de préféré, brillantissime, ne me procurait pas que des amis dans la hiérarchie des archanges. Mais malgré tout, nous nous entendions bien – ou du moins le pensais-je alors. J'admets secrètement que ma fierté ne s'en est pas trop mal sortie, même si j'ai parfois exagéré. J'aurais certainement dû sentir les ennuis venir, mais l'Excès est aussi enivrant et aussi aveuglant que le soleil de midi... Tandis que ma témérité et mes ambitions croissaient, je me mis à vouloir plus ; plus de pouvoir et plus d'influence, surtout sur les Affaires du Paradis. Les jalousies et les intrigues jaillirent bientôt en cascades (parce que, sachez-le, même au Paradis mesquineries et disputes sont courantes). Je regroupai alors quelques alliés, nous affermîmes nos positions et nous balisâmes notre périmètre ; nos piquets ressemblant trop à ceux d'un bûcher, l'escorte ne pouvait qu'aller vers le bas. Et à la faveur d'un accès de colère, épuisé par nos altercations répétées, Dieu décida notre expulsion. Vaincus, nous tombâmes, définitivement prisonniers de notre exil terrestre. Je regardai alors en arrière ; les portes du Paradis – à jamais fermées pour moi – s'estompaient déjà dans le lointain. Je savais que c'était fini.

Que cette partie-ci de mon existence était révolue...

SAINT MICHEL
SAINTE NITOUCHE

Bien avant qu'il ne m'expulse du Paradis, nous avions, Lui et Moi, nos différences. Si vous en croyez le Nouveau Testament, vous assisterez un jour à l'ultime lutte du Jugement Dernier, qui anticipe mon éventuelle défaite ! Cela reste à voir.

à nouveau récit, nouvelle chute

Les écrivains, brillants ou prosaïques, ont décrit ma Chute et ma disgrâce. Parmi les plus prestigieux, on compte John Milton et Anatole France. Le portrait que fait de moi le premier est héroïque et flatteur, quant au second, il m'ajoute une patine de chaude sensualité et une touche d'ironie de son cru, qui ne sont pas pour me déplaire. Le Diable n'est rien s'il n'est pas un vrai romantique, y compris dans sa Chute.

Ah ! moi, misérable ! Par quel chemin fuir la colère infinie et l'infini désespoir ? Par quelque chemin que je fuis, il aboutit à l'Enfer ; moi-même je suis l'Enfer ; dans l'abîme le plus profond est au-dedans de moi un plus profond abîme qui, large ouvert, menace sans cesse de me dévorer ; auprès de ce gouffre, l'Enfer où je souffre semble le ciel.

JOHN MILTON

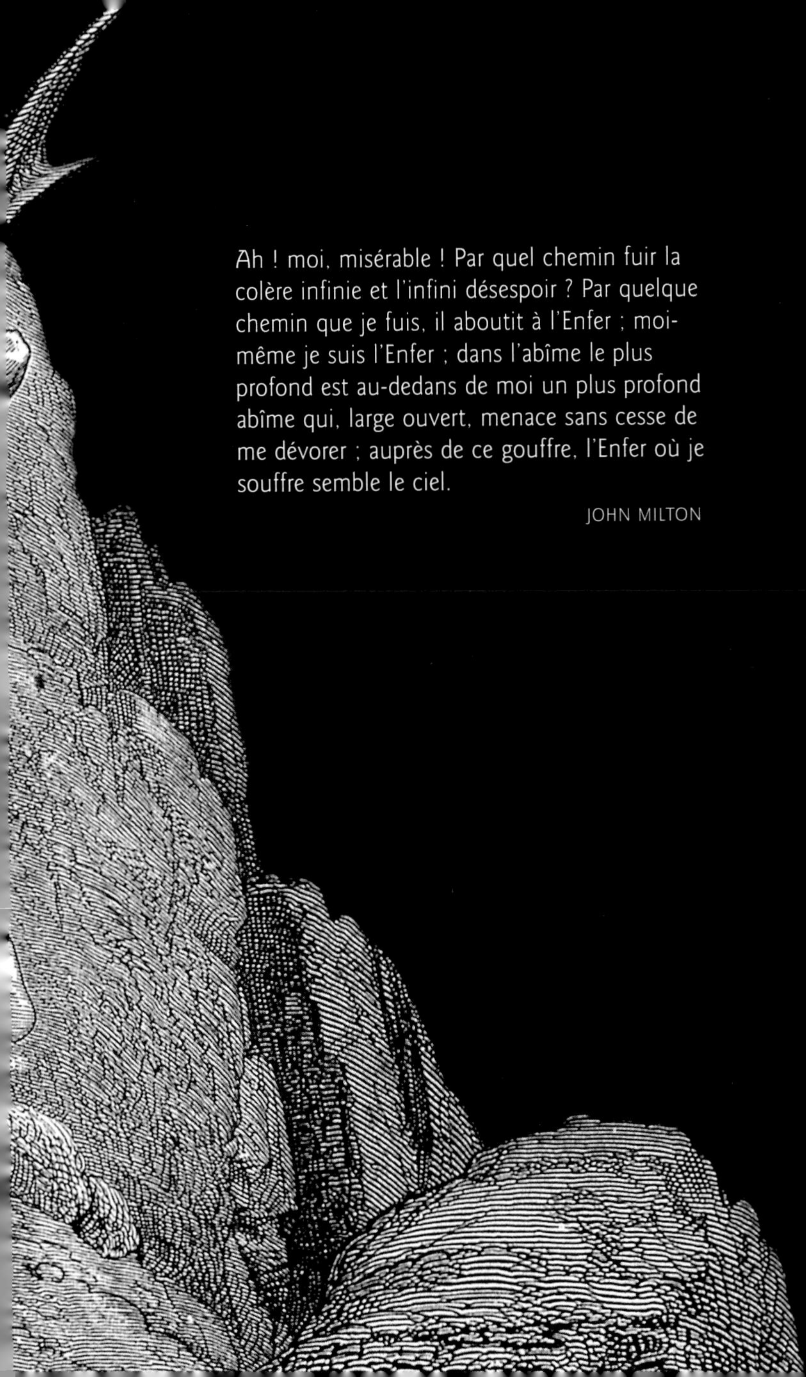

« Est-ce ici la région, le sol, le climat, dit alors l'archange perdu. Est-ce ici le séjour que nous devons changer contre le ciel, cette morne obscurité contre cette lumière céleste ? Soit ! Puisque celui qui maintenant est souverain, peut disposer et décider de ce qui sera justice. Le plus loin de lui est le mieux, de lui qui, égalé en raison, s'est élevé au-dessus de ses égaux par la force. Adieu, champs fortunés où la joie habite pour toujours ! Salut, horreurs ! Salut, monde infernal ! Et toi, profond enfer, reçois ton nouveau possesseur. Il t'apporte un esprit que ne changeront ni le temps ni le lieu. L'esprit est à soi-même sa propre demeure, il peut faire en soi un ciel de l'enfer, un enfer du ciel. Qu'importe où je serai, si je suis toujours le même et ce que je dois être, tout, quoique moindre que celui que le tonnerre a fait plus grand ! Ici du moins nous serons libres. Le Tout-Puissant n'a pas bâti ce lieu pour l'envier ; il ne voudra pas nous en chasser. Ici nous pourrons régner en sûreté ; et, à mon avis, régner est digne d'ambition, même en enfer ; mieux vaut régner en enfer que servir dans le ciel.»

JOHN MILTON
Le Paradis perdu
Traduction de Chateaubriand, Ed. Belin 1990.

Nectaire, un ange travesti en jardinier, raconte les circonstances de la Chute du Paradis, et la transformation de Lucifer en Satan qui, menant le cortège des anges déchus (Nectaire est l'un d'eux), fait osciller la lourde balance du mal au-dessus de l'humanité.

« Je l'ai connu : c'était le plus beau des séraphins. Il brillait d'intelligence et d'audace. Son vaste cœur se gonflait de toutes les vertus qui naissaient de l'orgueil : la franchise, le courage, la constance dans l'épreuve, l'espoir obstiné. En ces temps, qui précédèrent les temps, dans le ciel boréal où brillent les sept étoiles magnétiques, il habitait un palais de diamant et d'or, frémissant à toute heure de bruits d'ailes et de chants de triomphe. Cependant, Dieu était jaloux de Lucifer. (...) Lucifer, qui avait en grand dédain les choses viles, méprisait cette tourbe d'esprits domestiques traînée dans les jeux et les fêtes. Mais à ceux qu'animaient un esprit audacieux, une âme inquiète, à ceux qu'enflammait un farouche amour de la liberté, il donnait une amitié qu'ils lui rendaient en adoration. Ceux-là désertaient en foule le Mont du Seigneur et portaient au séraphin des hommages que l'Autre voulait pour lui seul. (...) Ses impressions (...), la liberté, la curiosité, le doute. Ces sentiments me rapprochèrent du séraphin. Je l'admirai, je l'aimai ; je vécus dans sa lumière.

Après que la guerre pour le ciel fut perdue par Lucifer et ses fidèles, ils furent jetés sur la terre où, dans la poussière, Nectaire se souvient :

(...) Après ce nouveau désastre, le séraphin demeura quelque temps songeur, la tête dans les mains. Puis il montra son visage noirci. Maintenant, il était Satan plus grand que Lucifer. Les anges fidèles se pressaient autour de lui. Satan invita ses sujets à s'appliquer, eux-mêmes, à la recherche de la connaissance. (...) En ce muet séjour où nous sommes tombés, méditons, cherchons les causes cachées des choses. Observons la nature. (...) C'est par la douleur que, faisant une première expérience de la nature, nous sommes excités à la connaître et à la tromper. Quand elle nous obéira, nous serons des dieux. Mais dût-elle nous celer à jamais ses mystères, nous refuser des armes et garder le secret de la foudre, nous devons encore nous applaudir de connaître la douleur, puisqu'elle nous révèle des sentiments nouveaux, plus précieux et plus doux que tous ceux qu'on éprouve dans la béatitude éternelle, puisqu'elle nous inspire l'amour et la pitié, inconnus aux cieux.

Satan et ses anges devinrent les enseignants de la race humaine. Aux anciens peuples Satan (...) montrait dans ses apparitions autant de force et de beauté qu'en peuvent concevoir les humains. Ses yeux avaient la douceur des violettes des bois ; sur ses lèvres brillait le rubis des grenades ouvertes ; un duvet, plus fin que le velours des pêches, couvrait ses joues et son menton ; sa blonde chevelure, tressée en diadème et nouée mollement au sommet de la tête, était ceinte de lierre. Il charmait les bêtes féroces et, pénétrant dans les forêts profondes, attirait à lui tous les esprits sauvages, tout ce qui grimpait dans les arbres et montrait à travers les branches une prunelle farouche, tous les êtres violents et craintifs, nourris de baies amères et dont la poitrine velue contenait un cœur barbare, les demi-hommes des bois, auxquels il communiquait la bienveillance et la grâce, et qui le suivirent, ivres de joie et de beauté.

ANATOLE FRANCE
La Révolte des anges
Extrait de *Œuvres*, La Pléiade, tome IV
Ed. Gallimard, 1994

Rien n'est semblable à l'Enfer

Après la Chute, j'eus besoin d'un foyer, d'un port d'attache, bref d'un petit endroit où je me sente chez moi. Dans l'*Énéide*, poème rédigé un peu avant la naissance du Christ, le Romain Virgile inventa un grand Enfer rempli d'horreurs inénarrables. Le tableau dépasse l'imagination ; il s'agissait d'une large pièce, prévue pour abriter une population croissant à l'infini. Les morts viendraient y séjourner au terme d'une vie de turpitudes. Pendant plusieurs siècles, les théologiens et les prédicateurs emmenèrent les âmes déviantes et les pécheurs potentiels faire d'interminables excursions à cet endroit. Ils décrivirent l'Enfer comme la pire des destinations, en l'agrémentant de détails plus cauchemardesques les uns que les autres.

« L'Enfer est pavé de crânes de prêtres. »
SAINT JEAN CHRYSOSTOME

« Qu'il soit donné aux saints d'entrevoir la punition des damnés de l'Enfer, ils n'en sauront que mieux la béatitude procurée par la grâce de Dieu. »

THOMAS D'AQUIN

Treize cents ans plus tard, Dante effectua une visite touristique en Enfer, avec Virgile comme guide. A son retour, il écrivit son Enfer. Au cours de ce périple, Dante parvint à redécorer l'Enfer, avec tout le faste qui sied à un grand architecte. N'économisant sur aucune fioriture ignoble, respectant les perspectives macabres et dépensant sans compter pour des orgies d'abomination : son Enfer fut un véritable un triomphe.

Milton n'était pas non plus fait de cendres froides, si je peux m'exprimer ainsi, mais son travail était tellement britannique ! Théâtral et grandiose, au sens babylonien du mot, son imagination était cependant moins généreuse que d'autres. Il adjoignit à l'édifice un cabinet de réunions qu'il appela Pandémonium, ce qui sous-entendait le chaos. Cependant, l'organisation des séminaires qui s'y tenaient était un modèle de rigueur. Après tout, j'en étais le président.

Dans la fosse profonde de l'Enfer,
Au logis des pécheurs les plus laids.
(Diables de braise, autant qu'il faut de combustible)
Un feu d'artifice éternel et splendide est donné,
Mais ceux qui le procurent sont ceux qui l'alimentent,
Et soyez-en sûrs, ils ne le verront point.

EDGAR WALLACE

Tundale

L'histoire de Tundale fait aujourd'hui partie de la littérature démodée, mais elle est une version irlandaise, du XIIe siècle, du voyage en Enfer. Elle a beaucoup en commun avec l'*Énéide* de Virgile et l'Enfer de Dante, à quelques petites différences près. La piscine était une idée de génie, mais notez surtout la bouche !

Gueules d'Enfer

La bouche a cela d'intéressant
qu'elle est l'un de ces endroits où l'extérieur sec
est mû vers l'intimité visqueuse du dedans.
JENNY HOLZER

Si Dieu a ses « Portes du Paradis », j'ai, moi aussi, ma Grande Entrée. J'appelle ma porte «Gueule d'Enfer». Certains artistes ont mis le meilleur de leur art dans la représentation de pécheurs entrant, ou de diables et de démons sortant de l'Enfer par cette porte. La mise en scène des contes du Moyen Age faisait souvent arriver les personnages sur scène à travers une porte en forme de bouche, qui figurait la porte de l'Enfer. Peu de moyens suffisaient ; de la fumée, quelques flammes, beaucoup de bruit et les spectateurs se croyaient chez moi. Une autre astuce consistait à montrer le diable sous les traits d'un marchant local, d'un ecclésiastique ou d'un aristocrate prétentieux. Cela permettait de remettre au goût du jour le répertoire des pièces vertueuses, et souvent ambitieuses, qui vieillissait, et la cause édifiante y trouvait également son compte.

Créatures de l'enfer,
Vous tous ici présents,
Apprêtez-vous avec orgueil et hurlements
Car vers votre alliance sondée par la crainte
Se hâte un être surhumain
Vous avez mordu dans un noble morceau
Jésus, savoir : le fils de Dieu
Vient en ces lieux
Combattre à nos côtés
Craignez-le dès à présent.

ANONYME
(Ancienne moralité anglaise)
Traduction de Patrick Hersant

enfin installé

Un grand foyer, avec tout l'espace
requis par ma communauté éternel-
lement croissante, de larges portes
d'entrée, et quelques issues
de secours éventuelles…

Il est temps de se mettre au travail !

Adam et ève au jardin d'éden

L'image est à ce point connue, que s'en est cliché :
Un gentil petit couple sans histoires, vivant dans une béatitude bovine au milieu d'un magnifique jardin. Je saisis l'opportunité, je l'approche – elle d'abord – en lui offrant une pomme. Elle goûte et offre la pomme à Adam, qui mord à son tour.

«Le serpent répliqua à la femme :
Pas du tout ! Vous ne mourrez pas ! Mais Dieu sait que,
le jour où vous en mangerez, vos yeux s'ouvriront
et vous serez comme des dieux,
qui connaissent le bien et le mal.»

GÉNÈSE 3:4-5

Ils étaient plus tristes après, certes,
mais tellement plus malins…

Un doute subsiste qui continue de me tarauder encore aujourd'hui. Cela me fait broyer du noir, un peu comme si un détail important m'avait échappé. Un morceau du puzzle de la sagesse me manque cruellement, qui pourrait pourtant tout expliquer, et pour l'éternité

comment tout cela a-t-il
pu être si facile ?

The Fallen Angel

DIS DONC, ève !

Je me demande parfois qui a tenté qui…
C'est bien ainsi que ça fonctionne, la tentation, non ?

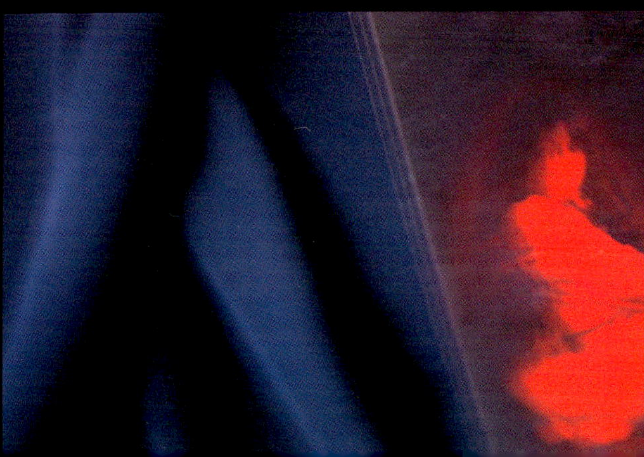

L'échelle du jugement

Comme il est difficile d'atteindre le Paradis, et comme il est simple d'être happé par les démons et jeté en Enfer !

Je ne suis pas un théologien, mais cet état de fait me désoriente au plus haut point. Si Dieu éprouve réellement tant d'amour pour la race humaine, pourquoi ne permet-il pas, de temps à autre, à de bons éléments d'entrer au Paradis ?

anglica
Demones
ecclesia

Les artistes sondent les profondeurs de leur imagination pour décrire l'Enfer

Contrairement aux peintres de paysages ou de portraits, les artistes qui peignent l'Enfer n'ont aucune expérience préalable qui leur permette d'orienter leurs travaux. Leurs œuvres ne peuvent donc que s'appuyer sur les recherches de leurs prédécesseurs, ou surgir du lyrisme de leur propre imagination. Prédécesseurs qui, manquant également d'information, ignoraient aussi à quoi ressemblait l'Enfer ; nul ne les accusera donc de n'avoir pas su stimuler les peintres des générations suivantes… L'imagination guidant l'obscurantisme : un partenariat idéal.

Habituellement commandités par l'Église, avec pour mission d'effrayer les âmes capricieuses, les peintres s'abandonnèrent à un joyeux délire de représentations. Bien que ma main n'ait nullement guidé leur pinceau dans la révélation de certaines tortures, j'admets volontiers mon goût très prononcé – voire ma fascination – pour leurs étalages de raffinements infernaux.

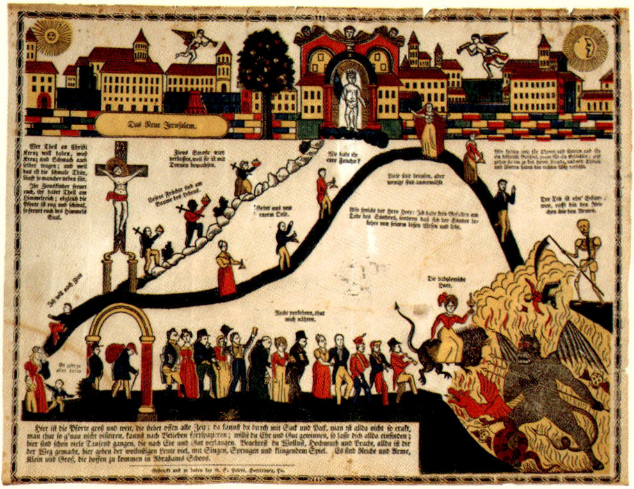

Le Paradis pour son climat, l'Enfer pour sa convivialité

J. M. BARRY

tandis que le paradis devient un club privé, l'enfer se démocratise

Cette carte du Paradis et de l'Enfer réduit le salut éternel et la damnation à un jeu de l'oie ou à un golf miniature. Ce peut être le cas, à condition toutefois de bien savoir jouer, et d'éviter satanés péchés et maudites tentations !

Wir hielten jene für Thoren und Narren
ein höhnisch Beispiel, ja gar für ein Gelächter; jetzt
gehen sie ein zu des Herrn Freude, und wir Thoren
und Narren haben den rechten Weg verfehlt.
d berufen, aber
nd auserwählt.
Der Tod ist ohn' Erbarmen, rafft hin den Reichen wie den Armen.
er: Ich habe kein Gefallen am
dern daß sich der Sünder be-
bösen Wesen und lebe.
Die babylonische Hure.

Satan vient au croyant
AVARICE
GOURMANDISE
ORGUEIL

que tes remords assaillent
COLÈRE
LUXURE
PARESSE
ENVIE

tentation et autres plaisantes tortures

La tentation revêt d'innombrables masques, mais toutes les tentations utilisent le même leurre – la récompense occasionnelle. Mon pourcentage est plus avantageux que celui des casinos ou des loteries, et l'amusement que je procure est bien supérieur à une journée entière passée à la table de roulette !

On peut dire qu'entre Lucifer et son serviteur une lutte constante et sourde se livre pour savoir qui trompera le mieux. En vérité le Diable et le sorcier ne jouent jamais la règle du jeu.

MAURICE GARÇON ET JEAN VINCHON
Le Diable, Ed. Gallimard, 1926

Les visages du poker

Je guette l'étincelle ou la mimique révélatrice qui arrêtera le score et scellera mon contrat. Les coups les plus insipides peuvent s'avérer palpitants, pour peu que l'on sache jouer : l'achat d'un tapis ou d'une petite pièce d'étoffe, peut-être d'un parfum rare, ou encore d'un mets de choix.

A moins que ce ne soit une âme mortelle…

Ce dont je jouis le plus est le moment de la capture : ces longs instants de luxure, au cours desquels je lance à ma proie un appât de son goût. Mes sens s'aiguisent. A chaque seconde je gagne un peu plus d'elle, observant comment un banal désir naît, croît, se transforme et finit par devenir le besoin le plus impérieux.

L'anticipation du succès est une forme assez mineure de la voyance, mais percevoir l'avenir à tous ses stades, et dans tous ses registres, procure la véritable ivresse, et moi, j'adore cela.

« De nouveau le diable le prend avec lui sur une très haute montagne, lui montre tous les royaumes du monde avec leur gloire et lui dit : 'Tout cela, je te le donnerai, si, te prosternant, tu me rends hommage.'
Alors Jésus lui dit : 'Retire-toi, Satan ! Car il est écrit :
C'est le Seigneur ton Dieu que tu adoreras, et à Lui seul tu rendras un culte.' »

MATTHIEU 4:8

ma version
de cette
histoire,
croyez-le,
est
différente...

voyez son expression !

Il s'est fait attraper. C'est pour cela qu'il prend un air embarrassé et coupable.

Vous n'êtes pas censés Le voir si séduit par mes offres.

La tentation est réellement extraordinaire. La capacité d'être attiré, et ensuite de choisir est une dimension qui différencie l'homme de l'animal. Ni Lui ni ses adeptes n'ont jamais beaucoup apprécié cet aspect de la psychologie humaine. Pour moi, il y a une beauté dans la tentation, alors que je n'ai jamais vu aucune gloire dans la culpabilité.

Regardons cela sous un autre angle. Lequel est le plus vil, du prédicateur mielleux qui vous dit combien votre vilenie est absolue – et que vos meilleurs jours doivent être remis à un avenir aléatoire – ou du gentilhomme affable, de bonne compagnie, qui vous suggère que vos jours sur cette planète – précisément parce qu'ils sont limités – doivent être mesurés, appréciés, savourés avec délectation jusqu'au dernier ? Quel est votre choix ?

L'Enfer maintenant, le Paradis après ?
Le Paradis maintenant, le Paradis après ?
L'Enfer maintenant, l'Enfer après ?
Le Paradis maintenant, l'Enfer après ?
Le Paradis maintenant, l'Enfer jamais ?
L'Enfer maintenant, le Paradis jamais ?
L'Enfer jamais ?

Cher Dr. Graham, Quelle est, selon vous, la méthode la plus efficace que Satan utilise pour rallier les êtres et les empêcher de suivre Dieu ? J'imagine que cette question va vous sembler étrange, mais c'est que voyez-vous, je voudrais être sur mes gardes, afin de ne pas me laisser entraîner par Satan ni par le Mal. (Mme S.J.)

Chère Mme S.J., Vous avez raison, en effet, de vouloir vous préserver de Satan, car il est bien réel, et œuvre en permanence au seul but qui l'occupe : lutter contre Dieu, et ce qu'il veut faire de nos vies.
Satan a mille manières de procéder : la Bible nous dit que parfois, «Satan lui-même se déguise bien en ange de lumière» (2 Corinthiens 11.14). Mais sa méthode globale est invariable : il cherche toujours nos faiblesses afin de les exploiter. Si la fierté (par exemple) est votre point faible, il essaiera de solliciter en vous la vanité et la fierté. Si vous résistez mal à la luxure, à la gourmandise ou au mensonge, il mettra en œuvre tous les moyens qui sont à sa disposition pour exploiter précisément ces point faibles.
Mais il faut se souvenir de deux choses : la première est que Satan est menteur, et que ce qu'il promet est toujours un mensonge («Et il n'était pas établi dans la vérité, parce qu'il n'y a pas de vérité en lui : quand il profère le mensonge, il parle de son propre fonds, parce qu'il est menteur et père du mensonge» Jean 8.44). La seconde qu'il est un ennemi vaincu. Par la résurrection, le Christ a vaincu la mort, le péché et Satan – et un jour prochain sa victoire sera totale.
La seule manière de faire échec à Satan est de demeurer près du Christ, gardez-vous votre cœur ouvert à lui, cherchez-vous constamment à le suivre ? Accrochez-vous à la caravane de notre seigneur, et faites confiance à la vérité de sa route ; la Sainte Bible, qui est là pour vous guider chaque jour. «Soyez sobres, veillez. Votre partie adverse, le diable, comme un lion rugissant, rôde, cherche qui dévorer. Résistez-lui, fermes dans la foi, sachant que c'est le même genre de souffrance que la communauté des frères, répandue dans le monde, supporte. Quand vous aurez un peu souffert, le Dieu de toute grâce, qui vous a appelés à sa gloire éternelle, dans le Christ, vous rétablira lui-même, vous affermira, vous fortifiera, vous rendra inébranlables.» (I Pierre 5.8-10)

La tentation, l'attirance et la séduction

Il existe différentes façons de mesurer le temps. Moi j'aime à regarder la vie comme un long ruban, parsemé de tentations et de séductions… Dès que vous êtes en âge de faire des choix, la tentation vous est ouverte. Ma perversité ne se lasse pas d'admirer l'attrait irrépressible qu'a tout papillon pour une flamme (les papillons peuvent-ils être également submergés par l'Excès ?). Voilà une attirance puissante, mais peu d'êtres humains sont suffisamment attirés, ils s'épargnent donc du même coup et la peine et la gloire.

En fait, la plupart des humains succombent par des travers plus mineurs. «S'alimenter d'une simple salade ou engloutir deux desserts ?», «Écouter de la musique sacrée ou regarder le jeu télévisé ?», «Lire une vie de saint ou feuilleter cette revue coquine ?», «Passer une soirée en famille, ou sortir boire un verre au bistrot du coin ?». Vous êtes bien placés pour savoir que je n'ai pas une part décisive dans tous les choix que font les humains. Loin de là. Cependant je me délecte volontiers, gratuitement, de la vision d'une créature exténuée se débattant avec sa conscience pour un larcin de misère. Comme si la façon dont elle se nourrit, ce qu'elle aime voir ou entendre, qui elle fréquente, ou l'état de sa libido m'importaient ! Mais il est vrai que je l'aime bien tout de même, l'Humain, parce qu'il est authentique : c'est inscrit dans son embarras, son rationalisme indigent et sa culpabilité, lorsqu'il succombe immanquablement à la facilité.

Que cela vous plaise ou non, je suis une dépendance
qui a besoin d'une dose de frayeur ardemment entretenue.
Mais je fais confiance à votre imagination…

La tentation ne procède pas toujours de la séduction simple

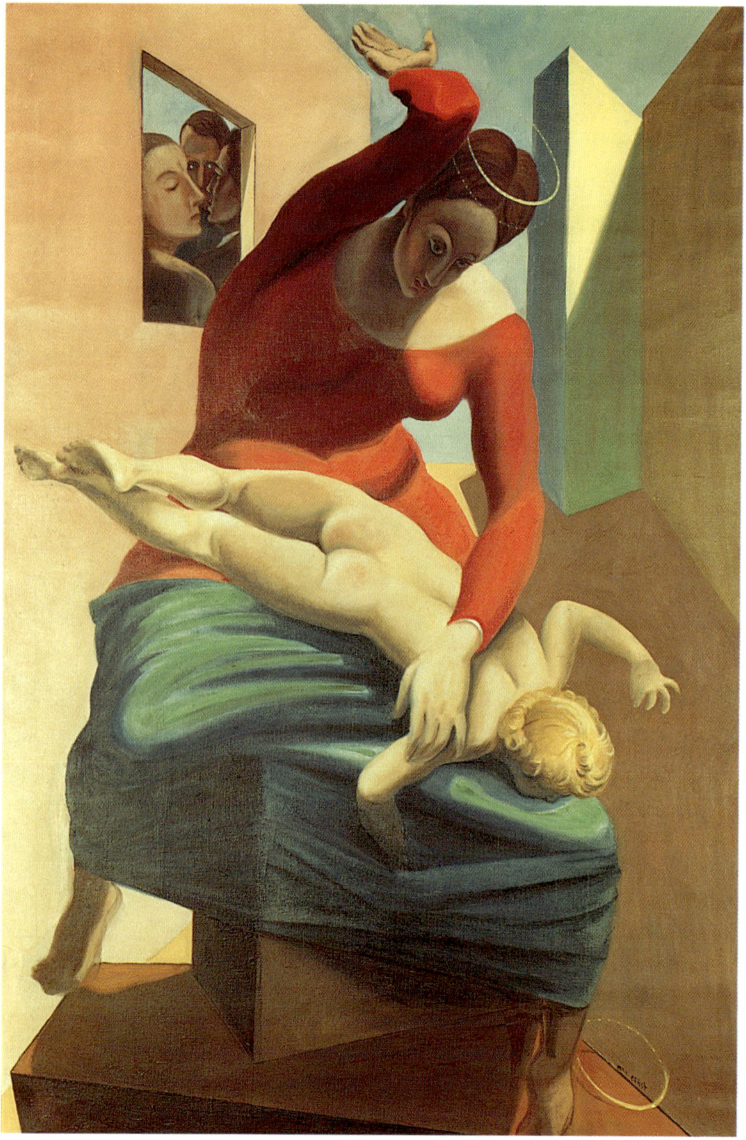

QUI AIME BIEN CHÂTIE BIEN

Jusqu'à Marie qui, à force de fatigue et de surmenage finit par en arriver à la violence. Vous ne verrez jamais une telle scène accrochée au mur d'une église, mais je peux vous certifier que Marie eut parfois à corriger l'enfant Jésus, car comme vous l'avez sans doute entendu dire, le fils de Dieu n'était pas un enfant « facile à élever »...

étrange personnage que ce William Blake

Ses gravures de Job sont magnifiques. Ce vieil obstiné de Job. Rien ne pouvait ébranler sa foi, ni la peste, ni les colères bouillonnantes, ni même ses consolateurs. Ah, tant pis !

C'est moi, qu'on voit dans le trio au-dessus, en compagnie du Péché et de la Mort. Même entre amis proches, il peut arriver qu'on ait des relations conflictuelles.

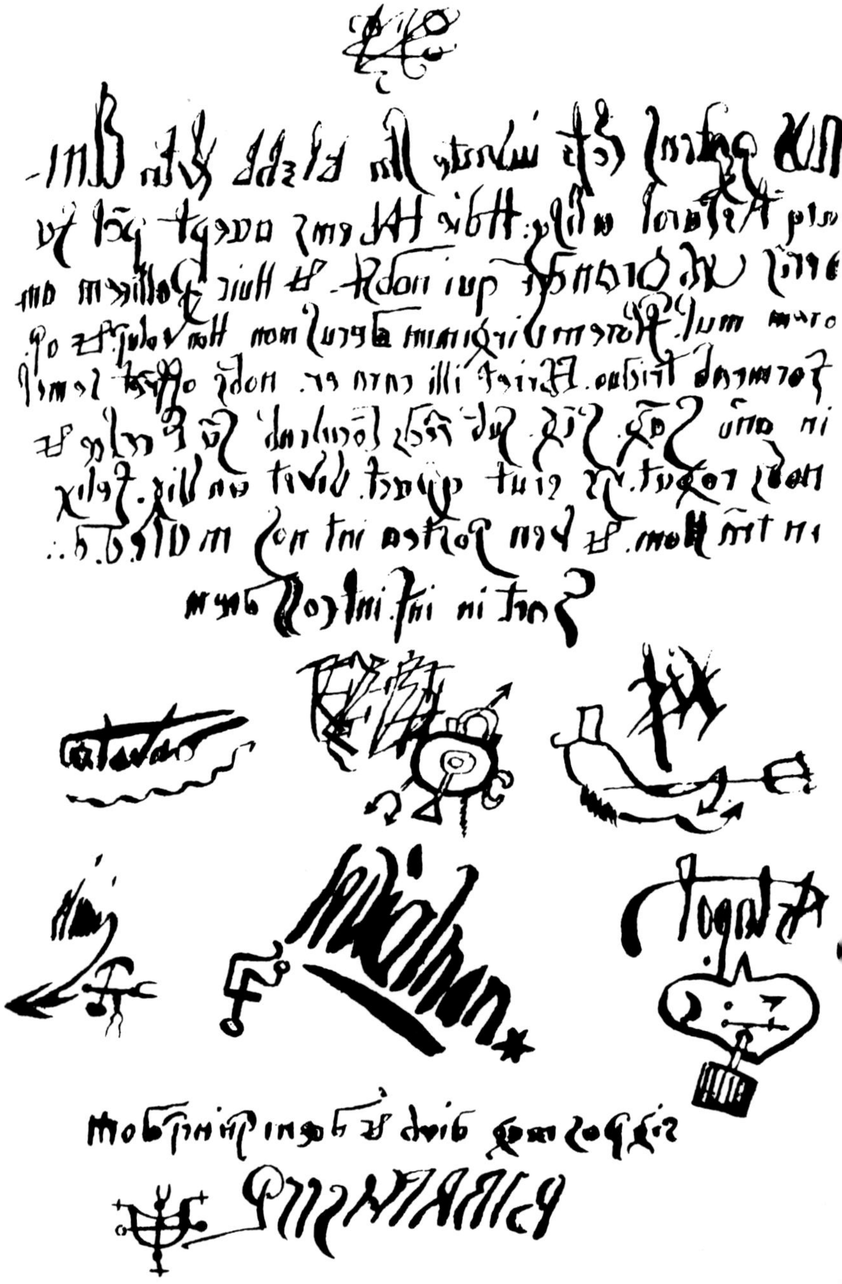

Grandier, l'Inquisition et la note diabolique

Toutes les tortures ne se passent pas en Enfer, vous savez. Les plus grandes victoires diaboliques ont pris place dans le sein même de l'Église. La Sainte Inquisition, par exemple, n'avait pas une allure de pique-nique paroissial, pour celui dont la foi ne se trouvait pas en parfaite adéquation avec les lois du puissant Clergé. Si vous aimez les cauchemars, lisez-donc l'histoire du prêtre qui était bel homme : Urbain Grandier. Voici, reproduit ci-contre, le «contrat» qu'il avait conclu avec moi. Bien que l'Église s'arrangeât pour faire de cette histoire un symbole de lutte spirituelle entre le Bien et le Mal, les véritables problèmes de Grandier étaient en réalité ses badinages avec les religieuses et son talent particulier pour sauver les belles en détresse. L'alerte fut donnée parmi ses supérieurs, et il mourut au bûcher en 1634.

Il est difficile d'imaginer, aujourd'hui, combien les plus petits aspects de l'existence étaient régis par la doctrine de l'Église. La musique, par exemple, répondait aux canons de la théologie. Mon point favori du fanatisme est qu'il était tout bonnement interdit d'utiliser certaines notes de musique. La note diabolique, *diabolus in musica*, est le nom qui fut donné à la tierce maudite. Considérée comme produisant une sonorité capable de m'évoquer, cette tierce, dite «diabolique», fut interdite, elle s'absenta donc de la musique pendant plusieurs siècles. Ceux qui l'avaient jouée étaient torturés le jour même, et subissaient l'étau, la roue et les flammes.

Aujourd'hui, j'aime la musique, et j'en ai même inspiré plus que ma part, mais je trouve cette tierce irrésistible, et plus encore lorsqu'elle s'échappe des grandes orgues de Notre-Dame !

Tu as sous-estimé le Diable :
Je ne suis pas encore convaincu,
Un être qui s'attire la haine universelle
Doit bien être quelqu'un !

GOETHE

Le diable littéraire

L'imagination est ma chambre d'amis, et beaucoup d'écrivains l'ont abondamment décorée. Mes incursions dans les œuvres de fiction sont d'ordinaire plus subtiles, et quelquefois plus profondes, que dans les arts graphiques. Y a-t-il un seul personnage dans la littérature, qu'elle soit sacrée ou profane, dont l'apparence ait été plus variée que le mienne ? Non, certainement pas.

Présentation, gestuelle et sens d'une langue appropriée à chacune de mes apparitions sont sans doute des atouts non négligeables, mais le véritable succès ne s'obtient pas sans la concrétisation et l'influence. Occuper le premier rôle dans plusieurs chefs-d'œuvre de la littérature occidentale n'est pas un si vilain sort !

Vous trouverez ici une sélection de passages qui vous donneront une idée de ma nature polymorphe, et vous apprécierez par vous-mêmes la richesse de la littérature qui m'est dédiée. J'ai assumé avec une égale délectation tous les rôles qui m'ont été confiés, les nobles jeunes premiers, comme les odieux malfrats. Je l'ai fait en professionnel, en acteur-né que je suis.

étrange Dr Faust

Je suis toujours étonné, et amusé, de voir combien les Humains sous-estiment leur cerveau. Du peu de cas qu'ils font de cette matière mouvante, complexe, faite à la fois de fantaisie et d'abstraction, qu'ils ont sous le crâne : si l'évolution de votre intelligence est en décalage avec votre époque, ou votre milieu, on vous croira immanquablement possédé du Démon ; comment pourrait-il en être autrement ? La logique des idées reçues est la plus répandue.

Aucune machine ne parviendra jamais à égaler le cerveau humain. C'est une authentique merveille : l'orchestration de ses cellules, la chimie de ses hormones, le synchronisme de son activité électrique. Quels rêves il peut concevoir ! Quelles énigmes il est capable de résoudre ! Mais aussi quelle terrifiante suspicion il peut nourrir !

Je ne suis pas le seul à avoir émis l'hypothèse que le véritable démon de l'être humain est son esprit. Vrai ou pas, c'est tout de même un prodigieux potentiel de puissance à portée de la main… (L'un de vos pieux politiciens n'a-t-il pas dit, un jour, que la plus grande perte qu'un homme puisse subir est celle de son esprit ? Quel sage était celui-là !)

L'Église s'épuise continuellement à gérer les petits problèmes provoqués par l'hyperactivité cérébrale. (Je doute qu'elle soit la plus qualifiée pour cela, mais j'avoue que c'est un sujet sur lequel je ne suis pas impartial.) Le XIIIe siècle bénéficia des lumières de Thomas d'Aquin, ce qui aida l'Église à établir les règles de base de son ordre intellectuel. Sa conclusion fut celle-ci : « Faites ce que l'Église vous dit. » Rien d'étonnant !

Croyance aveugle ou pensée critique ? Révélation fulgurante ou théorie scientifique ? Se satisfaire des apparences ou pénétrer le mystère ? Aussi longtemps que les esprits supérieurs refuseront les doctrines – engouements passagers ou dogmes établis – ces questions demeureront sans réponses.

Ce thème, ainsi que d'autres, apparaît dans les différentes versions du mythe de Faust, mais même s'il est abordé chaque fois différemment, les auteurs ne s'en débattent pas moins dans un labyrinthe de devinettes.

Au XVIe siècle, l'Église et les chefs des Etats d'Europe furent confrontés à l'émergence d'idées brillantes, conçues par des intelligences supérieures et menaçantes, qui échappaient à leur stratégie globale de contrôle.

Un esprit tel que celui du Dr. Johannes Faust, par exemple (physicien et alchimiste réellement génial), a fasciné les auteurs, dramaturges et compositeurs : noble assemblée au sein de laquelle on trouve Christopher Marlowe, Johann von Goethe, Thomas Mann, Charles Gounod, Hector Berlioz et Randy Newman. A travers Faust, les lecteurs et les spectateurs pouvaient voir un esprit supérieur aux prises avec l'insoluble dilemme : la connaissance et son prix . Si vous étiez Faust, que désireriez-vous savoir, et que seriez-vous prêt à donner en échange ?

markheim

ROBERT LOUIS STEVENSON

Markheim venait de tuer un marchand d'art, et cherchait à présent la clé de sa cassette, afin de lui dérober son argent. Lorsqu'il entendit un pas dans l'escalier. Il stoppa net et retint sa respiration tandis que la porte s'ouvrait. Un visage se glissa dans l'entrebaillement, des yeux jetèrent un regard alentour, puis s'immobilisèrent sur lui, une tête opina et une bouche s'ouvrit pour sourire, comme reconnaissant un ami. Puis tout disparut et la porte se referma. Lorsque la porte fut close, Markheim laissa échapper un hurlement de terreur, et le visiteur revint sur ses pas.

« Tu m'as appelé ? », demanda-t-il cordialement, sur quoi, il entra et referma la porte derrière lui. Markheim, qui était toujours immobile, le regarda les yeux exorbités. Les contours de son corps avaient beau être émoussés, la silhouette de l'étranger dansait telle une icône devant la flamme vacillante du réverbère d'une boutique ; par instants, il pensait le reconnaître et l'instant suivant c'était lui-même qu'il reconnaissait. Et toujours avec ce frisson de terreur qui lui collait à la peau. Tout son être était terrassé par l'omniprésente certitude que la chose qui se tenait là, devant lui, n'appartenait ni à la terre ni au ciel. Et cependant la créature qui fixait Markheim en souriant dégageait un étrange sentiment de familiarité, et lorsqu'elle ajouta : « Je crois que tu cherches de l'argent, n'est-ce-pas ? », ce fut avec une politesse banale.

Appelant Markheim par son nom, l'étranger l'avertit que la bonne du marchand serait de retour plus tôt que prévu ce jour-là, et lui conseilla de gagner la sortie au plus vite.

« Vous me connaissez ? », demanda le meurtrier affolé.

Le visiteur sourit. « J'ai un faible pour toi depuis longtemps, répliqua-t-il ; et depuis longtemps que je t'observe, sais-tu que j'ai maintes fois pensé à te venir en aide ? »

« Qui êtes-vous au juste ?, cria Markheim. Le diable ? »

« Oublions cela, répondit-il, ce n'est pas mon nom qui compte, mais le service que je peux te rendre. »

« Attendez un peu, s'insurgea Markheim, si vous êtes le diable, je ne veux pas de votre aide, pas le diable ! Ça jamais ! Dieu merci, vous ne me connaissez pas et je n'ai rien à faire avec vous ! »

« Comment je ne te connais pas ? Mais bien sûr que si, répliqua le visiteur d'un ton faussement grondeur. Je te connais au contraire jusqu'au fond de l'âme ! »

En dépit de ses nombreux crimes, Markheim protesta. Il affirma qu'il ne pouvait être jugé sur ses actions, car son cœur était différent de ses actions. Et de toute façon, ce crime serait le dernier, puisqu'il venait de décider à l'instant de changer de vie.

« N'as-tu pas prévu de placer cet argent en bourse, ajouta-t-il, là, précisément, où – sauf erreur de ma part – tu as déjà perdu des mille et des cents ? »

«Ah, bondit Markheim, mais c'est que cette fois j'ai l'assurance de ne pas perdre ! »

« Cette fois encore tu perdras. »

« Soit. Mais il me restera ce que j'aurais eu la sagesse de mettre de côté, c'est-à-dire la moitié de l'argent ! » se rengorgea Markheim.

« Et même cela, tu le perdras, tu perdras tout. »

Pointant le doigt vers le plafond, l'étranger dit : « Voilà trente-six ans que tu es au monde... A travers maints revers de fortune et nombreux changements d'humeur, je t'ai vu chuter inexorablement, chaque fois plus bas. Il y a quinze ans, tu commençais par un larcin, trois ans plus tôt on te voyait défaillir au seul mot de «meurtre», et aujourd'hui, existe-t-il une seule malveillance, une seule exaction, une seule cruauté devant laquelle tu reculerais ? Plus que cinq ans à attendre et je te prendrai la main dans le sac ! Plus bas, plus bas, ton avenir est toujours plus bas ; seule la mort interrompra ta chute. »

Après avoir persuadé Markheim que son destin était scellé, et qu'il ne changerait jamais, l'étranger lui conseilla de tuer la bonne, qui son-

nait maintenant à la porte d'entrée. S'il le faisait, il aurait un succès assuré en échange.

Mais Markheim regarda son conseiller fixement, et refléchit : s'il était vrai qu'il était perdu, pourquoi y avait-il tant de paliers dans sa chute ? Et tant d'autres à venir, se dit-il. « Si l'amour du Bien m'est à jamais interdit, il me reste toujours la haine du Mal ; et de cela, au risque de vous décevoir, je tirerai force et courage. » Les traits du diable commencèrent alors à se modifier : son visage s'éclaira et s'adoucit, comme apaisé par le triomphe, puis il s'estompa et finalement disparut.

Mais Markheim ne s'arrêta pas pour observer et comprendre une telle transformation. Il descendit l'escalier, accueillit la bonne d'un sourire et lui dit d'appeler la police, parce qu'il venait de tuer son maître.

Le diable est ainsi : il n'est pas tel qu'il vous apparaît,
vos yeux voient une chose tandis que votre cœur en voit une autre.

TOM SPANBAUER

L'étranger mystérieux

MARK TWAIN

Un jeune homme arriva, soudain, vers nous nonchalamment à travers les arbres, vint s'asseoir pour engager une conversation amicale, comme si nous nous connaissions de longue date. Mais nous ne lui répondions pas car il était étranger, et comme nous n'avions pas l'habitude de converser avec des inconnus, nous nous montrions réservés. Il portait des vêtements neufs ; plutôt séduisant, avec une expression sympathique, une voix agréable, il semblait parfaitement à l'aise ; non pas timide, lourd ou gauche comme les autres garçons. Nous aurions volontiers fait sa connaissance, mais nous ne savions par où commencer. Je pensai alors à la pipe que nous avions avec nous, et je me demandai si je devais la lui proposer par amitié. Mais je me ravisai, un peu gêné, en me souvenant que nous n'avions pas de feu. A ce moment, il nous lança un regard amusé et s'exclama d'un ton satisfait :

«Du feu ? Oh, c'est facile : j'en ai.»

J'étais si étonné que je ne pus rien dire ; car je n'avais pas prononcé ma pensée à haute voix. Il prit la pipe, souffla dessus, le tabac s'embrasa et des spirales bleutées s'envolèrent. Nous sursautâmes, prêts à quitter les lieux – quoi de plus naturel – et nous avions déjà fait quelques pas, lorsqu'il nous supplia de rester, assurant qu'il ne nous voulait aucun mal, mais qu'il désirait seulement rester en notre compagnie. Nous nous arrêtâmes ; une curiosité mêlée d'émerveillement nous rappelait irrésistiblement sur nos pas, mais nous demeurions sur la défensive. Il prit un ton rassurant, une attitude enjôleuse ; et quand nous nous aperçûmes que la pipe ne s'éteignait pas et que rien ne se produisait, notre confiance revint progressivement, pour laisser finalement notre curiosité prendre le dessus, et nous osâmes retourner sur nos pas — mais lentement, et prêts à nous enfuir à la première alarme.

Il avait à cœur de nous mettre à l'aise, et il y parvint, car nul ne pouvait hésiter ni rien craindre, face à tant de franche bonhomie, tant de simplicité gentille, face à une éloquence aussi persuasive. Il nous avait gagnés, et bien vite nous étions bons amis, échangeant des propos gais, heureux d'avoir trouvé ce nouveau camarade. Et nous nous enhardîmes jusqu'à lui demander comment il avait appris ce tour étonnant ; il nous répondit qu'il ne l'avait pas appris, que cela lui était venu naturellement, comme d'autres choses, comme les autres tours qu'il savait.

«Tu as donc encore d'autres tours ?»

«Oh, pas mal, oui, je ne sais plus combien au juste...»

«Et tu vas nous les montrer ?»

«S'il-te-plaît !», s'exclamèrent les autres en chœur.

«Vous n'allez pas encore vous enfuir ?»

«Mais non, je te promets que cette fois nous resterons, s'il te plaît...»

«D'accord, d'accord, mais n'oubliez pas votre promesse !»

Nous promîmes. Il se rendit à une mare et revint avec de l'eau dans une feuille en guise de tasse. Il souffla dessus, la jeta : il tenait maintenant un glaçon en forme de tasse. C'était vraiment extraordinaire, nous étions ravis, nos craintes avaient disparu ; nous lui demandâmes de faire d'autres tours. Il s'exécuta. Il répondit qu'il pouvait, par exemple, nous donner tous les fruits que nous voulions, quelle que fût la saison. Tout le monde parlait en même temps :

«Orange !»

«Pomme !»

«Raisins !»

«Regardez dans vos poches !» s'exclama-t-il, et c'était vrai.

Ses fruits étaient les meilleurs du monde, nous les mangeâmes et nous en souhaitâmes d'autres, bien qu'aucun d'entre nous n'en formulât la pensée.

«Vous n'avez qu'à les prendre au même endroit...» dit-il «... et tout ce que votre gourmandise désirera d'autre : vous n'avez pas besoin de nommer les choses que vous voulez avoir ; tant que vous êtes avec moi, il vous suffit de souhaiter pour obtenir.»

Et c'était vrai ! Rien n'était plus merveilleux ni plus fascinant : pain, gâteaux, sucreries, noix, tout ce que nous voulions était là. Lui-même ne mangeait rien, mais restait assis avec nous à bavarder et à faire de nouveaux tours, pour notre divertissement. Il fit d'abord un minuscule écureuil avec de l'argile, qui alla grimper dans les branchages au-dessus de nous, et nous apostropha de ses petits cris. Puis il fit un chien, à peine plus gros qu'une souris, qui se mit immédiatement à pourchasser l'écureuil, les deux pattes autour du tronc d'arbre, en aboyant désespérément, aussi vivant qu'un vrai chien. Il fit détaler l'écureuil d'arbre en arbre, puis tous deux disparurent dans la forêt. Il fit aussi des oiseaux, toujours en argile, auxquels il donna la liberté, et qui s'envolèrent en chantant.

J'osai, enfin, lui demander qui il était.

«Un ange», dit-il avec la plus grande simplicité, tandis qu'il donnait la liberté à un oiseau nouvellement créé en tapant dans ses mains.

Une sorte d'effroi s'empara de nous, quand nous entendîmes ses mots, et nous eûmes peur à nouveau. Mais il nous assura que nous avions tort : pourquoi aurions-nous peur d'un ange ? D'ailleurs, il nous aimait bien. Tandis qu'il nous entretenait de choses et d'autres, d'un ton détaché, il avait fabriqué tout un petit peuple d'individus, hommes et femmes, de la taille d'un doigt. Avec diligence, ils avaient déjà désherbé et nivelé dix mètres carrés de terrain à nos pieds, et entamaient la construction d'un charmant petit château ; les femmes préparant le mortier qu'elles portaient dans des sacs sur leurs têtes en haut des échafaudages – comme les ouvrières – et les hommes posant les couches de maçonnerie. Cinq cents petits jouets vivants s'affairaient laborieusement en cadence, s'essuyant de temps en temps la sueur de leurs fronts, comme des ouvriers. Pris par la contemplation de cet étrange peuple de constructeurs et de l'avancée progressive de leur ouvrage, qui prenait ordre et forme, nous sentions de nouveau nos craintes s'évanouir et nous nous sentions rendus à un sentiment familier. Nous demandâmes si nous pouvions, à notre tour, fabriquer de petits personnages ; à quoi il dit oui. Il chargea Seppi des canons, dit à Nikolaus de faire les hallebardiers, et de les équiper de cuirasses, de jambières et de casques, et quant à moi, de produire la cavalerie, avec des chevaux ; et tout en distribuant les tâches, il nous appelait par nos noms respectifs. Mais il ne dit pas comment il les connaissait, et Seppi lui demanda le sien ; il répondit tranquillement «Satan», et tout en ramassant un morceau d'échafaudage, et rattrapant une petite femme qui allait en tomber, il dit seulement : «Qu'elle est donc bête de reculer ainsi, sans voir ce qu'il y a derrière.»

D'un seul coup, ce nom nous paralysa, nos ouvrages tombèrent de nos mains, un canon, un hallebardier et un cheval se brisèrent en mille morceaux. Satan éclata de rire et demanda ce qui se passait. Je dis, «Rien, mais c'est là un nom peu commun pour un ange.» Et il demanda pourquoi.

«Parce que..., enfin, parce que c'est son nom, tu comprends...»

«Oui, je sais, c'est mon oncle.»

Il avait répondu cela naturellement, et nous eûmes le souffle coupé pendant quelques instants, et nos cœurs battirent plus vite. Il ne parut pas y prêter attention, mais s'ingéniait à raccommoder nos pièces cassées d'un frôlement du doigt, pour nous les rendre neuves, et dit, «Avez-vous oublié qu'il a été un ange, lui aussi ?»

«C'est vrai, dit Seppi, je n'y pensais plus.»

«Avant la chute, il était sans tache.»

«Oui, dit Nikolaus, sans péché.»

«C'est une famille respectable que la nôtre, il n'en existe pas de meilleure ; en fait, c'est le seul de la famille qui ait jamais péché.»

Comment pourrais-je rendre le sentiment d'excitation que tout nous donnait ? Vous savez, ce genre de frisson qui vous envahit lorsque vous voyez quelque chose de tellement merveilleux et étrange, que c'est une joie terrible, rien que de se sentir vivre, et que vous n'en croyez pas vos yeux ; on est en arrêt, les lèvres sèches, le souffle court, mais on ne donnerait sa place pour rien au monde. Je mourais d'envie de lui poser une question – que je retenais au prix de grands efforts – mais j'avais honte car j'avais peur qu'elle fût grossière. Satan mit à terre un bœuf qu'il venait de terminer, leva la tête vers moi et dit en souriant :

«Ce ne serait pas du tout grossier, et de toute façon, je te pardonnerais. Si je l'ai vu ? Mais oui, des millions de fois. Lorsque, tout petit, j'avais mille ans, j'étais même son favori en second parmi les enfants de notre lignée angélique – pour utiliser une formulation humaine – oui, entre cette époque et celle de la chute, cela fait pour vous huit mille ans.»

«Huit mille ans !»

«Oui !» Il se tourna vers Seppi, comme pour répondre à ce que pensait celui-ci : «Naturellement, j'ai l'air d'un jeune homme, c'est ce que je suis. Chez nous, ce que vous appelez 'temps' est infiniment plus vaste, et il en faut un long bout pour qu'un ange parvienne à maturité.» J'avais une autre question à l'esprit ; il se tourna vers moi et répondit. «J'ai seize mille ans, pour compter comme vous», puis se tournant vers Nikolaus : «non, la chute ne m'a pas atteint, pas plus que le reste de notre famille. C'est seulement celui dont je porte le nom qui a entraîné l'homme et la femme à manger le fruit après l'avoir lui-même goûté, ce n'est pas moi. Nous autres sommes restés vierges de tout péché ; incapables même de le faire, et cet état de pureté nous est acquis pour toujours.»

Deux des petites créatures laborieuses se querellaient et, s'injuriant mutuellement dans leur langage d'insectes, en venaient maintenant aux poings : il allait y avoir un combat mortel. Satan avança la main et leur ôta la vie d'une chiquenaude, puis les lança après avoir essuyé avec son mouchoir les traces rouges de ses doigts. Il reprit la conversation où il l'avait laissée. «Nous ne pouvons pas faire le mal : nous n'avons d'ailleurs aucune aptitude à cela, car nous ignorons même ce qu'est le mal.»

C'était là un bien étrange langage, dans ces circonstances, mais nous n'y prîmes pas garde, tant nous étions choqués et peinés du meurtre qu'il venait de commettre froidement – pour appeler les choses par leur nom, il s'agissait d'un assassinat purement gratuit, car les petits hommes ne lui avaient rien fait – et nous nous sentions tristes pour lui, que nous aimions ; nous l'avions cru trop noble, trop plein de grâce et aimable pour commettre un acte aussi cruel, nous l'avions pris pour un ange, et voilà que celui dont nous étions si fiers avait chuté si bas dans notre estime. Il continuait de parler, comme si de rien n'était. Il parla de ses voyages dans nos systèmes solaires et dans les autres, au loin dans un espace inaccessible, et des coutumes de leurs habitants immortels ; malgré nous, il nous fascinait, nous enchantait, nous charmait en dépit de la scène pitoyable qui se déroulait à nos pieds, car les épouses des morts avaient trouvé les deux corps sans vie, informes, méconnaissables, et elles pleuraient et se lamentaient, tandis qu'un prêtre était agenouillé les mains croisées sur la poitrine et priait avec ferveur. Une foule nombreuse d'autres personnages s'était groupée autour de la scène ; de petites têtes découvertes en signe de deuil se penchaient, déversant des flots de larmes. A cette scène, Satan ne prêta nulle attention, jusqu'à ce que la clameur diffuse des pleureuses et des orants se mît à l'agacer. Alors, il saisit le lourd siège de bois de notre balançoire, et l'abattit sur la foule comme s'il s'était agi d'écraser des mouches. Et il poursuivit son récit.

Un ange qui tue un prêtre ! Un ange qui ne sait pas faire le mal, mais anéantit de sang froid des centaines d'innocents, d'hommes et de femmes qui ne lui ont rien fait ! Cela nous rendait malades, et penser qu'aucun de ces êtres ne s'était recueilli avant de mourir – excepté le prêtre – car aucun n'avait jamais assisté à une messe, ou n'était même entré dans une église. Or nous étions témoins, nous avions vu ces crimes, et c'était notre devoir de les dire, et de faire intervenir la justice.

Mais il continuait inlassablement de parler, et nous enjôla encore du chant fatal de sa voix, en sorte que nous oubliâmes tout ; nous ne pouvions que l'écouter, l'aimer et être ses esclaves, lui laisser faire ce qu'il voudrait de nous. Il nous enivra de sa présence, de la joie qu'elle nous offrait, du paradis de ses yeux, de l'extase qui parcourait nos veines au seul contact de sa main.

L'étranger avait tout vu, il était allé partout, il savait tout et n'oubliait rien. Ce qui coûte aux autres tant d'efforts, il l'apprenait en un clin d'œil ; ce n'était pour lui qu'un jeu. Toute chose qu'il racontait se mettait à vivre sous vos yeux. Il avait vu la création du monde, celle d'Adam, comment Samson avait brisé les piliers et fait s'écrouler le temple, il avait assisté à la mort de César, il pouvait décrire la vie quotidienne au Paradis, il avait vu les damnés griller sur les broches de l'Enfer... Et de toutes ces choses, nous vîmes la réalité de nos yeux, car il nous les rendit présentes. Et nous en fûmes touchés, mais il ne laissait pas soupçonner qu'elles fussent pour lui davantage qu'un pur amusement. Ces visions de l'Enfer, ces pauvres femmes, ces enfants, ces filles, ces garçons et ces hommes hurlant et suppliant dans les tourments, que nous pouvions à peine supporter, il y demeurait aussi indifférent que s'il avait vu des marionnettes s'agiter dans le feu d'un décor de carton-pâte.

Et toujours, lorsqu'il parlait des hommes et des femmes de cette terre, de leurs actes – même des réalisations les plus grandes et les plus sublimes –, il suscitait en nous une honte secrète, car ses manières disaient le peu d'importance qu'ils avaient à ses yeux ; si l'on n'avait pas su qu'il s'agissait d'hommes, la plupart du temps, on aurait cru qu'il parlait d'insectes. Une fois même, il dit avec de longues phrases que notre peuple ici-bas lui paraissait intéressant, bien qu'il fût terne, ignorant, trivial et prétentieux, si malade et si minable, rien qu'une misérable masse grouillante sans valeur... Il constatait cela avec détachement, sans aigreur, comme on parlerait d'un objet insignifiant et insensible. Je voyais bien qu'il n'avait pas l'intention d'être blessant, mais je pensai que c'était là le signe de mauvaises manières.

«Manières !» dit-il «pourquoi ? C'est la pure vérité, et dire la vérité, ce sont les bonnes manières ; les manières sont une invention. Le château est terminé, est-ce qu'il vous plaît ?»

A qui n'aurait-il pas plu ? Il était si joli, si bien imité, avec sa fine architecture, la perfection de tous ses détails, et jusqu'aux minuscules drapeaux qui flottaient sur ses tours. Satan nous dit de mettre à présent l'artillerie en place, de positionner les hallebardiers et de déployer la cavalerie. Il fallait voir nos hommes et nos chevaux, si éloignés de ce qu'ils auraient dû être – car évidemment nous n'avions aucune expérience dans la fabrication de ces objets. Satan dit qu'ils étaient les plus mal faits qu'il eût jamais vus ; et lorsqu'il les toucha pour leur donner la vie, leurs mouvements étaient parfaitement ridicules, leurs pantalons d'uniformes n'étaient pas à leur taille. Ils se tordaient et s'étalaient comme s'ils étaient ivres. Ils menaçaient par leur maladresse la vie de tous ceux qui s'approchaient, et finirent par tomber les quatre fers en l'air, sans espoir de se relever. Cela nous fit tous rire, bien que le spectacle fût assez pitoyable. Les armes furent chargées avec de la terre, pour donner le coup d'envoi, mais les soldats étaient si mal faits que le coup partit sur les tireurs, tuant plusieurs d'entre eux et blessant les autres. Satan dit qu'il pourrait faire intervenir un ouragan, et un tremblement de terre si nous voulions, mais que nous devions nous écarter un peu, par sécurité. Nous aurions voulu avertir les personnages du danger, mais il dit que ça n'avait pas d'importance ; qu'ils ne comptaient pas et qu'il en referait d'autres, plus tard, quand nous voudrions.

Un petit nuage noir commença d'apparaître au-dessus de la forteresse, puis un feu d'artifice et une bourrasque miniatures s'annoncèrent, et la terre fut ébranlée, et le vent souffla, la pluie tomba, et toutes les petites créatures coururent se mettre à l'abri à l'intérieur du château. Le nuage se fit de plus en plus sombre, on pouvait à peine deviner la présence de l'édifice, quand la foudre le frappa à plusieurs reprises avant de finir par l'enflammer. Les fuyards s'échappaient partout en hurlant, mais Satan les repoussa sèchement, sans écouter nos larmes et nos implorations. Au plus fort de l'ouragan, la poudrière explosa, un grand séisme engloutit le château dans l'abîme, n'épargnant pas un seul de ces cinq cents innocents. Nos cœurs étaient brisés, nous ne pouvions nous empêcher de sangloter.

«Cessez donc de pleurer, dit Satan, ils n'avaient aucune valeur.»

«Mais ils sont tous en Enfer à présent !»

«Quelle importance, nous pouvons en faire des tas d'autres.»

Il eût été vain de vouloir l'attendrir : de toute évidence, il était incapable de comprendre, il n'y avait pas place en lui pour la compassion. Il pétillait d'allégresse au spectacle de ce génocide, comme s'il avait été à la fête. Et pour nous faire aussitôt partager ces sentiments, sa magie seconda son désir. Rien ne l'arrêtait, il faisait de nous ce qu'il voulait. Un moment plus tard, nous dansions sur l'emplacement du charnier, tandis qu'il nous jouait d'un instrument étrangement suave qu'il tira de sa poche. Et cette musique – mais il n'existe aucune musique semblable à celle-ci, sauf peut-être au Paradis, car c'était de là qu'il avait ramené l'instrument, nous dit-il – cette musique rendait fou... de plaisir. Nous ne pouvions le quitter des yeux, et les regards que nous lui lancions venaient du fond du cœur, et leur langage muet était un hymne de louange. Il avait ramené la danse du Paradis, et la félicité du Paradis nous parvenait à travers elle.

Puis, il nous dit qu'il devait poursuivre ailleurs son errance. Mais nous ne pouvions supporter l'idée d'être séparés de lui, et nous le suppliâmes de demeurer avec nous, en nous accrochant à lui. Cela lui plut, et il dit oui, qu'il ne s'en irait pas tout de suite, mais attendrait encore quelques minutes, assis, à parler avec nous. Et il nous dit que Satan était son vrai nom, mais qu'il ne devait être connu que de nous seuls, et qu'en présence des autres nous devions l'appeler autrement, d'un nom qu'il avait voulu banal et ordinaire : Philip Traum.

Comme cela semblait étrange et trivial, pour un être comme lui ! Mais puisque telle était sa décision, nous n'avions rien à dire : elle seule importait.

Nous avions assisté à tant de merveilles au cours de cette journée, et je pensai alors au plaisir que j'aurais à raconter ce qui s'était passé, une fois rentré à la maison. Il remarqua mes pensées et dit :

«Non, cela doit rester entre nous quatre. Je ne vois pas d'inconvénient à ce que vous essayiez de raconter, si vous y tenez, mais je protégerai vos langues, afin qu'elles ne dévoilent rien du secret.»

La porte du hall d'entrée s'ouvrit et le pèlerin entra. Dieu sait quel genre d'homme c'était ; je puis à peine vous le décrire. Il était sans doute aussi efflanqué qu'un chat errant, ses yeux se mouvaient dans sa tête comme ceux du diable lui-même, et ses joues et ses mâchoires portaient aussi peu de chair que celles d'un ermite qui se nourrit d'eau et de racines. Ses jambes ressemblaient à deux interminables bâtons jaunes, sur lesquels bringuebalait en cadence un vilain corps désarticulé. Il avait en main une sorte de citerne, qu'il balançait d'avant en arrière en faisant un bruit qui donnait froid dans le dos, un de ces bruits de torture insupportable, qui agace chaque terminaison nerveuse du corps : pour sûr qu'un tel bruit aurait fait grincer les dents de la Mort elle-même. C'était là une bien étrange apparence, pour un pèlerin. Mais pourquoi, lorsqu'elles l'aperçurent, toutes les nonnettes furent-elles prises d'une excitation frénétique, et les bouches des religieuses âgées se fendirent-elles jusqu'à la grimace, d'un sourire qui dévoilait la pulpe rougeâtre de leurs vieilles gencives ? Cela est difficile à dire. Et jusqu'à la révérente Mère Supérieure, qui sourit depuis son dais, bien qu'au fond elle voulut froncer les sourcils.

OSCAR MANN
Le Diable au parloir

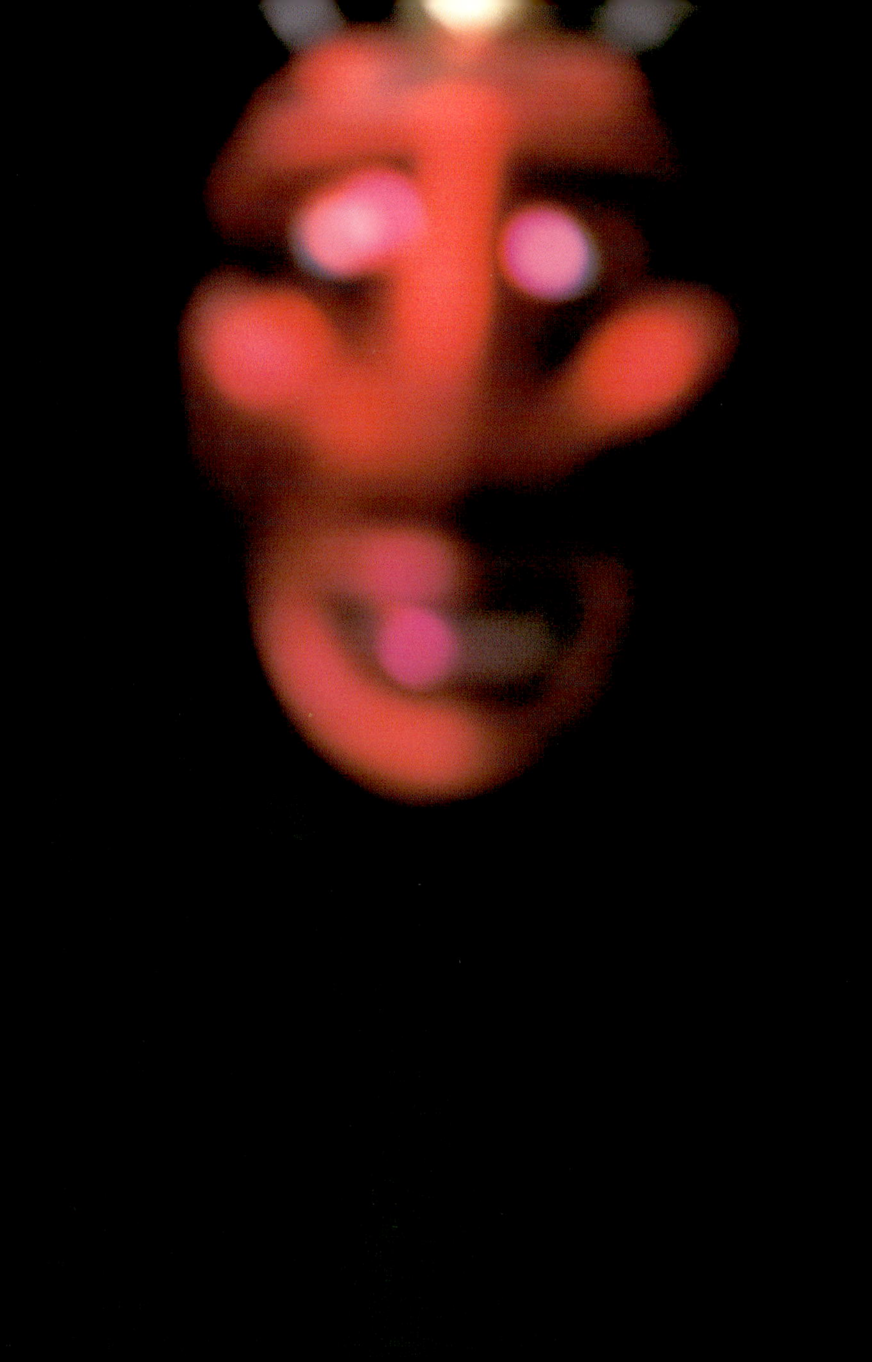

Le peintre et l'art du marché

WILLIAM THACKERAY

«Tu parlais de moi, à l'instant ?» dit la voix.

Dans sa main droite, Simon Gambouge tenait sa palette, et dans la gauche, une vessie de laque carminée, qu'il s'apprêtait à faire éclater sur la surface d'acajou. «Mais où diable es-tu ?» répéta-t-il.

«é-c-l-a-t-e l-a !» s'exclama la petite voix.

Gambouge extirpa le clou planté dans la vessie et donna une pression du pouce ; lorsque – aussi vrai que j'existe – un minuscule diablotin jaillit de l'orifice, atterrit sur la palette, et, se rétablissant aussitôt sur ses pieds par une pirouette, se mit à ricaner de la manière la plus singulièrement huileuse qui soit.

A sa sortie, il était à peine plus gros qu'un têtard ; puis il devint de la taille d'une souris et enfin de la grosseur d'un chat ; c'est alors qu'il sauta de la palette en exécutant une galipette arrière, et demanda au pauvre peintre ce qu'il lui voulait. Diabolus en personne était sous les yeux du peintre Gambouge.

Gambouge, homme cupide, signa un pacte avec Diabolus ; il était prévu qu'il obtiendrait tout ce qu'il voudrait durant sept ans, et qu'à l'issue de cette période, il deviendrait la propriété du Diable. A la condition, toutefois, que chacun de ses souhaits soit compensé par un souhait gratifiant la partie adverse ; faute de quoi le contrat s'avérerait nul et non avenu, et Gambouge irait «au Diable», par ses propres moyens.

Le contrat fut exécuté pendant six ans et six mois, lorsqu'un beau matin, Gambouge conçut un plan désespéré pour tenter de se sortir d'affaire. Et donc, il décida de réunir sa famille et ses amis, pour une fête somptueuse.

Une fois le dîner achevé, il convoqua Diabolus en prononçant la formule convenue. Les vieilles demoiselles s'offusquèrent, craignant qu'il n'apparaîsse dans le plus simple appareil ; tandis que les jeunes frétillaient, osant à peine l'espérer. Bref, chacun à sa façon désirait vivement voir le monstre, et les visages autour de la table étaient blêmes d'espérance et d'effroi.

Mais à la surprise générale, un gentilhomme entra, d'aspect très sobre et vêtu d'un habit noir d'excellente coupe. Il fit le tour des convives et salua tout le monde avec civilité.

«Je ne vous montre pas mon acte de propriété...», dit-il, en pointant d'un doigt discret ses sabots habilement dissimulés par des boutons

de chaussures, «sauf, bien sûr, si ces dames y tiennent ; mais je peux vous assurer que je suis bien celui que vous attendez».

Simon Gambouge révéla alors à Diabolus combien son épouse était odieuse. Depuis trop longtemps déjà il désirait échapper à la domination de Griskinissa Gambouge.

«Reste seul avec elle pendant six mois», dit-il, «ne la quitte jamais, pas une seule minute, du matin jusqu'au soir… et repais-toi de toutes les insanités qui sortiront de sa bouche infernale. Fais cela, et je ne te demanderai plus rien. Je me délivrerai moi-même le moment venu».

A ces mots, le diable fut pris de folie furieuse, il ricana si horriblement que chaque once de bière contenue dans la maison tourna : il ouvrit la bouche pour faire grincer ses dents et chacun des invités manqua de succomber à son haleine souffreuse. Il fit tournoyer un grand parchemin qu'il flanqua sur le sol, le piétina et le lacéra frénétiquement de ses sabots et de sa queue : et finalement, déployant une paire d'ailes majestueuses et grandes comme d'ici à Regent Street, il éborgna soudain Gambouge de sa queue, et disparut à travers le trou de la serrure.

Il avait la face d'un noir de tabac, un long nez crochu, des yeux comme des pois, une grande bouche et une magnifique rangée de dents qu'il semblait jaloux de montrer en ricanant d'une oreille à l'autre.

Ajoutez à cela des favoris et des moustaches, il n'y avait, je crois, plus rien à voir de sa figure. Il avait la tête nue, et sa chevelure avait été soigneusement arrangée avec des papillotes. Sa toilette se composait d'un habit noir collant terminé en queue d'hirondelle laissant pendiller par l'une de ses poches un long bout de mouchoir blanc, de culottes de casimir noir, de bas noirs, et d'escarpins qui ressemblaient à des moitiés de souliers, avec d'énormes bouffettes de ruban de satin noir pour cordons.

Sous l'un de ses bras, il portait un vaste claque, et sous l'autre, un violon presque cinq fois gros comme lui. Dans sa main gauche était une tabatière en or, où il puisait incessamment du tabac de l'air le plus glorieux du monde, pendant qu'il cabriolait en descendant la colline, et dessinait toutes sortes de pas fantastiques. Bonté divine ! C'était là un spectacle pour les honnêtes bourgeois de Vondervotteimittiss !

EDGAR ALLAN POE
Le Diable dans le beffroi
Traduction de Charles Baudelaire

BON-BON

(...) La stupéfaction du philosophe ne l'empêcha pas de se livrer à un examen scrupuleux du vêtement et de l'apparence de l'étranger. L'aspect de la silhouette – maigreur excessive et taille très au-dessus de la moyenne – était souligné avec une très grande netteté par le costume fané d'un tissu noir très étroitement ajusté au corps mais taillé franchement à la mode du siècle passé. De toute évidence ces vêtements avaient été faits pour une personne beaucoup plus petite que leur propriétaire actuel. Sur plusieurs centimètres, les chevilles et les poignets de celui-ci étaient à nu. Pourtant, une paire de boucles très brillantes sur ses souliers démentait l'extrême pauvreté que les autres parties de son vêtement laissaient entendre. Il était nu-tête, entièrement chauve sinon sur la partie postérieure du crâne d'où pendait une queue d'une longueur considérable. Une paire de lunettes vertes, avec verres latéraux, protégeait ses yeux des atteintes de la lumière et, par la même occasion empêchait notre héros de découvrir la couleur ou la forme de ses yeux. Nul endroit de la personne ne trahissait la présence d'une chemise : mais une cravate blanche, d'aspect crasseux, était nouée avec le plus grand soin autour du cou et les deux bouts disposés côte à côte selon les règles, faisaient penser involontairement, j'ose le dire, à un ecclésiastique. En vérité, de nombreux détails tant dans son aspect que dans son comportement auraient très bien pu corroborer une idée de cet ordre. Sur son oreille gauche, il portait, à la façon des commis de notre temps, un instrument qui rappelait le stylus des anciens. La poche de poitrine de son habit laissait apparaître à tous les regards un petit volume noir muni de fermoirs d'acier. La couverture de ce livre, accidentellement ou non, était tournée vers l'extérieur, de sorte que l'on apercevait les mots «Rituel catholique» en lettres blanches sur le dos.

Toute sa physionomie – c'était là un trait intéressant – avait la couleur du plomb, allant même jusqu'à une pâleur cadavérique. Le front était altier, sillonné des rides profondes que creuse la contemplation. Les commissures des lèvres tombaient, et lui donnaient une expression d'humilité des plus serviles. A cela s'ajoutaient, comme il s'avançait vers notre héros, la façon de joindre les mains, le profond soupir et un air de sainteté telle qu'il eût été impossible de n'être point impressionné favorablement. (...) Il n'était pas possible qu'un observateur aussi fin des hommes et des choses ne fût point parvenu à découvrir sur-le-champ la nature véritable du personnage qui avait ainsi abusé de son hospitalité. Pour ne mentionner que cela, la conformation des pieds de son hôte était suffisamment remarquable, il conservait, très délicatement posé sur sa tête, un chapeau d'une hauteur peu ordinaire, on distinguait sur la partie postérieure de sa culotte une enflure frémissante, et la vibration de la queue de son habit était un fait palpable. (...)

- Je vois que vous me connaissez, Bon-Bon, dit-il (...)

- Eh bien ! Monsieur, dit le philosophe, eh bien ! Monsieur, à dire vrai je crois que vous êtes – ma parole –, que vous êtes un satan... c'est-à-dire je crois, j'imagine, j'ai bien quelque vague, très vague idée de l'honneur insigne...

- Oh ! Ah ! Oui, très bien, interrompit Sa Majesté ; n'en dites pas plus ; je vois ce qu'il en est.

Sur quoi, ôtant ses lunettes vertes, il en essuya les verres avec soin sur la manche de son habit et les mit dans sa poche.

Si Bon-Bon avait été surpris par l'incident du livre, sa stupeur fut grandement augmentée par le spectacle qui s'offrit alors à ses regards. Levant les yeux, avec un fort sentiment de curiosité, pour s'assurer de la couleur des yeux de son hôte, il s'aperçut qu'ils n'étaient pas noirs du tout, comme il s'y attendait – ni gris, comme on aurait pu le croire, ni noisette, ni bleus, ni, en vérité, jaunes ou rouges, ni pourpres, ni blancs, ni verts, ni d'aucune couleur du ciel au-dessus de nos têtes, ou de la terre sous nos pieds, ni des eaux sous la terre. Bref, Pierre Bon-Bon non seulement vit clairement que Sa Majesté n'avait pas d'yeux du tout, mais, de plus, ne put découvrir le moindre signe indiquant que des yeux eussent pu exister à une période antérieure. Car à l'emplacement où les yeux auraient dû être naturellement placés, ne se trouvait, je suis contraint de le dire, qu'un pan de chair nue. (...)

EDGAR ALLAN POE
Contes, essais, poèmes
Ed. Robert Laffont, coll. Bouquin, 1989
Traduction de Jean-Marie Maguin et Claude Richard

I

De sa couche souffrée, au crépuscule,
Un diable, à pied s'en est allé
Visiter sa fermette cossue ; la Terre,
et s'enquérir du bon état où se maintient son cheptel.

II

Il alla par la colline, et aussi par le vallon,
puis il parcourut la plaine ; en seigneur sur ses terres.
Faisant tournoyer sa longue queue,
tel un gentilhomme sa canne.

III

Et comment donc ce diable était-il mis ?
Eh, parbleu ! le mieux endimanché du monde !
D'un pourpoint écarlate et de culottes bleues.
Avec, pour faire passer sa queue, une large boutonnière.

Samuel Taylor Coleridge
Extrait de : *Les Pensées du Diable*

Le joueur généreux

Charles Baudelaire

Hier, à travers la foule du boulevard, je me sentis frôlé par un Être mystérieux que j'avais toujours désiré connaître, et que je reconnus tout de suite, quoique je ne l'eusse jamais vu. Il y avait sans doute chez lui, relativement à moi, un désir analogue, car il me fit, en passant, un clignement d'œil significatif auquel je me hâtai d'obéir. Je le suivis attentivement, et bientôt je descendis derrière lui dans une demeure souterraine, éblouissante, où éclatait un luxe dont aucune des habitations supérieures de Paris ne pourrait fournir un exemple approchant. Il me parut singulier que j'eusse pu passer si souvent à côté de ce prestigieux repaire sans en deviner l'entrée. Là régnait une atmosphère exquise, quoique capiteuse, qui faisait oublier presque instantanément toutes les fastidieuses horreurs de la vie ; on y respirait une béatitude sombre, analogue à celle que durent éprouver les mangeurs de lotus quand, débarquant dans une île enchantée, éclairée des lueurs d'un éternel après-midi, ils sentirent naître en eux, aux sons assoupissants des mélodieuses cascades, le désir de ne jamais revoir leurs pénates, leurs femmes, leurs enfants, et de ne jamais remonter sur les hautes lames de la mer.

Il y avait là des visages étranges d'hommes et de femmes, marqués d'une beauté fatale, qu'il me semblait avoir vus déjà à des époques et dans des pays dont il m'était impossible de me souvenir exactement, et qui m'inspiraient plutôt une sympathie fraternelle que cette crainte qui naît ordinairement à l'aspect de l'inconnu. Si je voulais essayer de définir d'une manière quelconque l'expression singulière de leurs regards, je dirais que jamais je ne vis d'yeux brillant plus énergiquement de l'horreur de l'ennui et du désir immortel de se sentir vivre.

Mon hôte et moi, nous étions déjà, en nous asseyant, de vieux et parfaits amis. Nous mangeâmes, nous bûmes outre mesure de toutes sortes de vins extraordinaires, et, chose non moins extraordinaire, il me semblait, après plusieurs heures, que je n'étais pas plus ivre que lui. Cependant le jeu, ce plaisir surhumain, avait coupé à divers intervalles nos fréquentes libations, et je dois dire que j'avais joué et perdu mon âme, en partie liée, avec une insouciance et une légèreté héroïques.

L'âme est une chose impalpable, si souvent inutile et quelquefois si gênante, que je n'éprouvai, quant à cette perte, qu'un peu moins d'émotion que si j'avais égaré, dans une promenade, ma carte de visite.

Nous fumâmes longuement quelques cigares dont la saveur et le parfum incomparables donnaient à l'âme la nostalgie de pays et de bonheurs inconnus, et, enivré de toutes ces délices, j'osai, dans un accès de familiarité qui ne parut pas lui déplaire, m'écrier, en m'emparant d'une coupe pleine jusqu'au bord : «à votre immortelle santé, vieux Bouc !»

Nous causâmes aussi de l'univers, de sa création et de sa future destruction ; de la grande idée du siècle, c'est-à-dire du progrès et de la perfectibilité, et, en général, de toutes les formes de l'infatuation humaine. Sur ce sujet-là, son Altesse ne tarissait pas en plaisanteries légères et irréfutables, et elle s'exprimait avec une suavité de diction et une tranquillité dans la drôlerie que je n'ai trouvées dans aucun des plus célèbres causeurs de l'humanité. Elle m'expliqua l'absurdité des différentes philosophies qui avaient jusqu'à présent pris possession du cerveau humain, et daigna même me faire confidence de quelques principes fondamentaux dont il ne me convient pas de partager les bénéfices et la propriété avec qui que ce soit.

Elle ne se plaignit en aucune façon de la mauvaise réputation dont elle jouit dans toutes les parties du monde, m'assura qu'elle était, elle-même, la personne la plus intéressée à la destruction de la superstition, et m'avoua qu'elle n'avait eu peur, relativement à son propre pouvoir, qu'une seule fois, c'était le jour où elle avait entendu un prédicateur, plus subtil que ses confrères, s'écrier en chaire : «Mes chers frères, n'oubliez jamais, quand vous entendez vanter le progrès des lumières que la plus belle des ruses du diable est de vous persuader qu'il n'existe pas !»

Le souvenir de ce célèbre orateur nous conduisit naturellement vers le sujet des académies, et mon étrange convive m'affirma qu'il ne dédaignait pas, en beaucoup de cas, d'inspirer la plume, la parole et la conscience des pédagogues, et qu'il assistait presque toujours en personne, quoique invisible, à toutes les séances académiques.

Encouragé par tant de bontés, je lui demandai des nouvelles de Dieu, et s'il l'avait vu récemment. Il me répondit, avec une insouciance nuancée d'une certaine tristesse : «Nous nous saluons quand nous nous rencontrons, mais comme deux vieux gentilshommes, en qui une politesse innée ne saurait éteindre tout à fait le souvenir d'anciennes rancunes.»

Il est douteux que Son Altesse ait jamais donné une si longue audience à un simple mortel, et je craignais d'abuser. Enfin, comme l'aube frissonnante blanchissait les vitres, ce célèbre personnage, chanté par tant de poètes et servi par tant de philosophes qui travaillaient à sa gloire sans le savoir, me dit : «Je veux que vous gardiez de moi un bon souvenir, et vous prouver que Moi, dont on dit tant de mal, je suis quelquefois bon diable, pour me servir d'une de vos locutions vulgaires. Afin de compenser la perte irrémédiable que vous avez faite de votre âme, je vous donne l'enjeu que vous auriez gagné si le sort avait été pour vous, c'est-à-dire la possibilité de soulager et de vaincre, pendant toute votre vie, cette bizarre affection de l'Ennui, qui est la source de toutes vos maladies et de tous vos misérables progrès. Jamais un désir ne sera formé par vous, que je ne vous aide à le réaliser ; vous régnerez sur vos vulgaires semblables ; vous serez fourni de flatteries et même d'adorations ; l'argent, l'or, les diamants, les palais féeriques, viendront vous chercher et vous prieront de les accepter, sans que vous ayez fait un effort pour les gagner ; vous changerez de patrie et de contrée aussi souvent que votre fantaisie vous l'ordonnera ; vous vous soûlerez de voluptés, sans lassitude, dans des pays charmants où il fait toujours chaud et où les femmes sentent aussi bon que les fleurs, – et cætera, et cætera…», ajouta-t-il en se levant et en me congédiant avec un bon sourire.

Si ce n'eût été la crainte de m'humilier devant une aussi grande assemblée, je serais volontiers tombé aux pieds de ce joueur généreux, pour le remercier de son inouïe munificence. Mais peu à peu, après que je l'eus quitté, l'incurable défiance entra dans mon sein ; je n'osais plus croire à un si prodigieux bonheur, et, en me couchant, faisant encore ma prière par un reste d'habitude imbécile, je répétais dans un demi-sommeil : «Mon Dieu ! Seigneur, mon Dieu ! Faites que le diable me tienne sa parole !»

CONTE DE MA MÈRE L'OIE, L'EXTERMINATION DES TYRANS

VLADIMIR NABOKOV

I

Fantaisie, battement d'ailes, ravissement de l'imagination fantasque. Erwin en savait long là-dessus. Dans un tramway, il s'asseyait toujours du côté droit, pour être plus près du trottoir. Deux fois par jour, de derrière la vitre du tramway qu'il prenait à l'aller et au retour du bureau, Erwin faisait son choix et enrichissait son harem. Heureux Erwin, qui vivait dans une ville allemande féerique et si bien achalandée !

Le matin, lorsqu'il se rendait à son travail, son regard suivait le premier trottoir puis, tard dans la soirée, il parcourait le deuxième. Tour à tour, le premier puis le second étaient baignés d'une lumière voluptueuse, puisque le soleil, lui aussi, allait et revenait. N'oublions pas de mentionner qu'Erwin était d'une timidité si maladive qu'une fois seulement dans toute son existence – et il avait fallu les sarcasmes de méchants camarades – il avait osé aborder une femme, laquelle lui avait dit calmement : «Vous devriez avoir honte. Laissez-moi tranquille.» Depuis lors, il avait évité d'engager la conversation avec de jeunes personnes qu'il ne connaissait pas.

Mais il y avait des compensations : séparé de la rue par la vitre, serrant contre ses côtes une serviette noire, avec son pantalon effrangé et sa cravate rayée, étendant une jambe sous le siège opposé (s'il n'était pas occupé), Erwin regardait avec audace et en toute liberté les filles qui passaient : soudain, il se mordait la lèvre inférieure, signe qu'il venait d'effectuer la capture d'une nouvelle concubine ; sur quoi il la mettait de côté, pour ainsi dire, et son regard rapide, s'affolant comme l'aiguille d'une boussole, partait déjà à la recherche de la prochaine prise. Ces beautés étaient à une distance suffisante pour que les plaisirs d'un choix sans contrainte n'eussent pas à souffrir d'une timidité maussade. S'il arrivait cependant à une jeune fille de s'asseoir en face de lui, et si un pincement au cœur l'avertissait que la fille était jolie, il retirait sa jambe de dessous le siège opposé en donnant tous les signes extérieurs d'un caractère bougon, en complète opposition avec son air de jeunesse ... et il lui était impossible de se risquer à faire une évaluation de ses charmes, tant la timidité de nouveau lui taraudait l'os frontal – là, juste au-dessus des sourcils –, lui pressait les tempes dans un étau qui l'empêchait de relever la tête. Quel soulagement n'éprouvait-il pas quand elle se levait et gagnait la sortie ! Aussitôt, avec une distraction feinte et innocente, il regardait – l'effronté Erwin passait l'inspection –, il suivait ce dos qui s'éloignait, et avalait tout rond l'adorable nuque, les mollets gainés de soie, puis, se décidant enfin, il l'ajoutait à son harem fabuleux ! Et la jambe de se tendre, et le trottoir brillant de glisser derrière la vitre, et le nez pâle, mince, au bout marqué d'un creux, de pointer vers la rue, comme Erwin accumulait de nouvelles esclaves. Voilà ce qu'est la fantaisie, son battement d'ailes et ses extases !

2

Un samedi, par un soir frivole de mai, Erwin était assis à la terrasse d'un café. Il surveillait la foule qui musardait le long de l'avenue et, de temps à autre, se mordait la lèvre d'une incisive prompte. Le ciel tout entier était teinté de rose et les lampadaires et les ampoules des enseignes luisaient d'une lumière irréelle dans l'ombre qui s'épaississait. Une jeune bouquetière, anémique mais jolie, offrait les premiers lilas, et pour rester sans doute dans le ton, le phonographe du café chantait l'air de la fleur de Faust.

Une grande femme entre deux âges, vêtue d'un tailleur anthracite de bonne coupe, avec une lourdeur non dépourvue de grâce et un balancement des hanches, se fraya un chemin parmi les tables de la terrasse. Il n'y en avait aucune de libre. Finalement, elle posa une main gantée de noir lustré sur le dossier de la chaise vide en face d'Erwin.

«Vous permettez ?», demandèrent des yeux qui ne souriaient pas, de dessous la courte voilette d'un chapeau de velours.

«Je vous en prie», répondit Erwin, se levant à demi et esquissant un léger mouvement de recul, bien qu'il ne fût pas terrifié par cette sorte de femme, aussi solidement bâtie, avec sur des bajoues quelques peu masculines une épaisse couche de poudre.

Sur la table s'abattit avec un choc sourd et décidé le sac à main de grandes dimensions. Elle commanda un café et une part de tarte aux pommes. Sa voix profonde était agréable quoiqu'un peu rauque.

Le ciel vaste, gorgé de rose sombre, continua de s'assombrir. Un tramway passa dans un grincement suraigu, inondant l'asphalte des larmes rayonnantes de ses lumières. Et des beautés en jupe courte flânaient, suivies du regard par Erwin.

«Je veux celle-ci, pensa-t-il, faisant un cran dans sa lèvre inférieure, celle-là aussi.»

«Je crois que l'on pourrait arranger cela», dit son vis-à-vis de la même voix calme et voilée qu'elle avait eue pour s'adresser au serveur.

Erwin manqua de tomber de sa chaise, la dame le regardait intensément, comme elle enlevait l'un de ses gants pour prendre sa tasse. Ses yeux faits brillaient, froids et durs comme des pierres fausses et voyantes. En dessous d'eux des poches sombres se gonflaient et – chose rare chez une femme, même âgée – des poils sortaient de ses narines aux contours félins. Une fois le gant enlevé apparut une main forte et ridée dont les ongles étaient beaux, convexes et longs.

«Ne soyez pas surpris», dit-elle avec un sourire de guingois. Elle étouffa un bâillement et ajouta :

«Pour ne rien vous cacher, je suis le diable.»

Timide, naïf Erwin, il prit cela pour une figure de rhétorique, mais la dame, baissant la voix, continuait comme suit : «Ceux qui m'imaginent avec des cornes et une queue épaisse se trompent grandement. Je ne suis apparu qu'une fois sous cette forme, à un grand dadais de Byzantin, et je ne sais vraiment pas pourquoi ce fut un succès si infernal. Je nais deux fois à trois fois tous les deux siècles. Vers 1870, il y a de cela environ cinquante ans, on m'enterra, avec des cérémonies pittoresques où le sang coula à flots, sur une colline au-dessus d'un amas de villages africains dont j'avais été le monarque. Mon séjour en cet endroit me fut un repos après des incarnations plus astreignantes. Pour l'heure, je suis une femme d'origine allemande dont le dernier mari – j'en ai eu, me semble-t-il, trois en tout – était de souche française, un certain professeur Monde. Au cours de ces dernières années, j'ai acculé plusieurs jeunes hommes au suicide, fait de sorte qu'un artiste célèbre copie et multiplie l'image de Wesminster qui orne les billets d'une livre sterling, j'ai poussé un père de famille vertueux... mais il n'y a pas dans tout cela de quoi se vanter. Rien qu'un petit avatar banal qui me fatigue...»

Elle avala son morceau de tarte et Erwin, marmonnant quelque chose, se pencha pour attraper son chapeau qui était tombé sous la table.

«Non, ne partez pas si vite, dit Frau Monde, tout en faisant signe au garçon. Je veux vous offrir quelque chose. Je vous offre un harem. Et si vous avez des doutes sur mes pouvoirs... Vous voyez ce vieux monsieur aux lunettes d'écaille qui traverse la rue ? Eh bien, qu'un tramway le renverse.»

Erwin, clignant des yeux, se retourna vers la rue. Comme le vieil homme arrivait à la hauteur des rails, il sortit son mouchoir pour étouffer un éternuement. A cet instant, il y eut l'éclair du passage d'un tramway, son grincement strident, un roulement qui s'éloignait. Des deux côtés de l'avenue des badauds se précipitèrent vers les rails. Le vieux monsieur, sans lunettes ni mouchoir, était assis sur la chaussée. Quelqu'un l'aida à se relever. Une fois debout, il secoua la tête, l'air penaud, brossa ses manches de manteau de la paume de ses mains, fit remuer l'une de ses jambes pour s'assurer qu'elle fonctionnait encore.

«J'ai dit 'renverser', j'aurais pu tout aussi bien dire 'écraser', remarqua froidement Frau Monde, comme elle insérait une cigarette épaisse dans un fume-cigarette émaillé. De toute façon, ce n'était qu'un exemple.»

Elle souffla deux coulées de fumée grise par ses narines et de nouveau fixa Erwin de ses yeux durs et brillants :

«Vous m'avez plus tout de suite. Cette timidité et cette imagination audacieuse. Vous m'avez rappelé un jeune moine innocent, mais extraordinairement doué, que j'ai connu en Toscane... C'est ma pénultième nuit. Être une femme a son avantage, mais une femme qui vieillit, c'est l'enfer, pardonnez-moi l'expression. Et puis j'ai fait un tel remue-ménage l'autre jour... Vous lirez bientôt cela dans les journaux. Il vaut mieux que je quitte cette existence. Lundi prochain, j'ai prévu de renaître ailleurs. La souillon sibérienne que j'ai choisie donnera naissance à un monstre, un homme merveilleux.»

«Je vois», dit Erwin.

«Eh bien mon cher enfant, continua Frau Monde, faisant un sort à sa deuxième pâtisserie, j'ai l'intention avant mon départ de m'amuser un peu, en toute innocence. J'ai une suggestion à vous faire : demain de midi à minuit vous pourriez choisir, par votre méthode habituelle (Frau Monde avait l'humour pesant : elle suça sa lèvre inférieure avec un sifflement gourmand), toutes les filles qui vous plaisent. Bien entendu, avant mon départ, je veillerai à ce qu'elles soient rassemblées et mises à votre disposition. Elles resteront en votre possession jusqu'à ce que vous ayez joui de toutes. Cela te convient-il, amico ?»

Erwin baissa les yeux et dit doucement : «Si tout cela est vrai, ce serait un grand bonheur...»

«Parfait, dit-elle, et elle lécha ce qui restait de crème fouettée sur sa cuillère. Parfait. Il faut, cependant, fixer une condition. Non, ce n'est pas ce que vous croyez. Je vous ai déjà dit que tout est prévu pour ma prochaine incarnation. Votre âme, je n'en ai pas besoin. Quant à ma condition, la voici : le total de votre sélection entre midi et minuit doit représenter un chiffre impair. Clause fondamentale et irrévocable. Sinon, je ne puis rien pour vous.»

Erwin s'éclaircit la gorge et demanda, presque dans un murmure : «Mais... comment saurai-je ? Imaginons que j'en aie choisi une... qu'est-ce qui se passera alors ?»

«Rien, répondit Frau Monde. Votre sentiment personnel, votre désir sont en eux-mêmes des ordres ; cependant, pour que vous soyez sûr que l'affaire tient toujours, je ferai en sorte que vous ayez chaque fois un signe : un sourire, qui ne vous sera pas forcément adressé, un mot par hasard dans la foule, une tache soudaine de couleur ; des choses de ce genre. Mais ne vous faites pas de souci, vous saurez.»

«Et... et... marmonna Erwin, agitant ses pieds sous la table, et où cela va-t-il se passer ? Ma pièce est toute petite.»

«Ne vous faites pas non plus de souci là-dessus, dit Frau Monde et, comme elle se levait, son corset craqua. Il est temps que vous rentriez chez vous. Cela ne vous fera pas de mal de prendre une bonne nuit de repos. Je vous reconduis.»

Dans le taxi à capote baissée, tandis que le vent sombre glissait entre le ciel étoilé et l'asphalte luisant, le pauvre Erwin se sentait gagné par une exaltation extraordinaire. Frau Monde était assise, très droite, et les lumières de la ville se reflétaient brièvement dans ses yeux pierre gemme.

«Vous voici arrivé, dit-elle, touchant l'épaule d'Erwin. Au revoir.»

3

Que de rêves peut évoquer une chope de bière brune, à quoi l'on ajoute une rasade de brandy ! Telles étaient les pensées d'Erwin le matin suivant, à son réveil. Il avait dû s'enivrer et la conversation avec cette facétieuse femelle n'était qu'un songe. Voilà une tournure rhétorique qui se retrouve souvent dans les contes de fées et, comme dans les contes, notre jeune homme allait bientôt comprendre qu'il avait tort.

Il sortit au moment précis où le carillon de l'église commençait sa tâche laborieuse de sonner midi. Les cloches dominicales, tout excitées, vinrent se joindre au concert. Une brise lumineuse ébouriffa les lilas de Perse autour des toilettes publiques, dans le square, derrière sa maison. Les pigeons se posaient sur un vieil Herzog en pierre, ou se dandinaient près du bac à sable où des bambins, leur derrière de flanelle en l'air, creusaient avec des pelles miniatures ou jouaient avec des trains en bois. Les feuilles lustrées des tilleuls remuaient dant le vent ; leurs ombres en forme d'as de pique tremblaient sur les graviers de l'allée et s'élançaient au passage d'un promeneur pour escalader, en troupe aérienne, un pantalon ou une jupe, parvenir aux épaules et se disperser à hauteur de visage ; de nouveau le vol des ombres se laissait glisser au sol où, vibrant à peine, il guettait un autre flâneur. Dans ce décor bigarré Erwin remarqua une jeune fille en robe blanche qui s'était accroupie pour, de deux doigts, rebrousser le poil d'un chiot dodu à poils durs avec des verrues sur le ventre. L'inclination de la tête de la fille dénudait l'attache de la nuque, révélait la douce ondulation des vertèbres, le velouté blond, le creux tendre entre les omoplates ; et le soleil à travers les feuilles découvrait des mèches flamboyantes dans sa chevelure châtaine. Toujours jouant avec le chiot, elle se leva à demi et claqua des mains au-dessus de lui. Le petit animal dodu se roula sur le gravier, s'enfuit à quelques pieds de distance, se laissa tomber sur le flanc. Erwin s'assit sur un banc et risqua un coup d'œil timide et avide dans la direction du visage de la jeune fille.

Il la vit avec tant de netteté, avec l'impression de la découvrir avec une intensité et une perfection telle que des années d'intimité ne lui auraient pas permis de trouver dans ses traits d'autres nouveautés. Ses lèvres pâles se plissaient et remuaient comme si elles répétaient chaque tendre mouvement du chiot ; ses cils battaient avec tant d'éclat qu'ils semblaient se changer en rayons issus de ses yeux étincelants ; mais le plus enchanteur, peut-être, c'était la courbe de sa joue, à l'instant légèrement de profil : cette ligne plongeante qu'aucun mot, bien entendu, n'aurait pu décrire. Elle se mit à courir, révélant de jolies jambes, et le chiot culbutait derrière elle comme une pelote de laine. Prenant soudain conscience de ses pouvoirs miraculeux, Erwin retint son souffle et attendit le signal promis. A cet instant la fille retourna la tête et adressa un grand sourire à la petite créature toute ronde qui avait bien du mal à la suivre.

«Et d'une», se dit Erwin avec une suffisance habituelle et il se leva de son banc.

Il suivit l'allée sablée, traîna les pieds, dans des souliers voyants d'un jaune tirant sur le rouge, qu'il ne mettait que le dimanche. Il quitta l'oasis du parc minuscule et gagna le boulevard Amadeus. Ses yeux étaient-ils en quête d'une prise ? Assurément ! Mais, peut-être parce que la jeune fille en blanc avait laissé sur sa vision une empreinte plus ensoleillée qu'à l'accoutumée, une tache noire dansante le gênait pour découvrir d'autres délices. Bientôt, cependant, la tache s'effaça et, près d'une colonne lisse où étaient affichés les horaires de tramway, l'attention de notre ami fut attirée par deux jeunes demoiselles, des sœurs, voire des jumelles, à en juger par leur ressemblance frappante ; celles-ci, à voix vibrante, résonnante, discutaient du choix d'un itinéraire.

« C'est ce tram-là que tu dois prendre», répétait l'une d'elles.

«Les deux, s'il vous plaît», telle fut la prompte requête d'Erwin.

«Oui, bien sûr», répondit soudain la deuxième, s'adressant à sa sœur.

Erwin poursuivit son chemin le long du boulevard. Il connaissait toutes les rues élégantes où ses chances seraient les meilleures.

«Et de trois, se dit-il. Chiffre impair. Jusqu'à présent, tout va pour le mieux et si c'était minuit...»

Balançant son sac à main, elle descendait les marches du Leilla, l'un des meilleurs hôtels de la ville. L'homme qui l'accompagnait, un homme robuste, au menton bleu, la laissa prendre de l'avance pour allumer son cigare. La dame était jolie, sans chapeau, ses cheveux relevés en chignon, et une frange sur le front la faisait ressembler à un jeune page qui jouerait le rôle d'une demoiselle. A son passage, tandis que notre ridicule rival se portait auprès d'elle, Erwin remarqua en même temps la rose éclatante artificielle à la boutonnière de la veste de la jeune femme et une affiche où se voyaient un Turc à moustache blonde et le mot «OUI !» écrit en grandes lettres, et dessous, en caractères plus petits : «Je ne fume que la rose de l'Orient !»

Cela faisait quatre, divisible par deux, et Erwin avait hâte de rétablir l'étrange équilibre impair. Dans une ruelle proche du boulevard, il connaissait un restaurant bon marché, qu'il fréquentait parfois les dimanches quand il ne pouvait plus supporter le menu de sa logeuse. Parmi les filles remarquées à un moment ou à un autre, il y avait un tendron qui travaillait en cet endroit. Il entra et commanda son plat favori : choucroute au boudin. Sa table était près du téléphone. Un homme en chapeau melon appela un correspondant et commença d'aboyer dans le combiné avec autant d'ardeur qu'un limier qui a flairé un lièvre. Le regard d'Erwin se porta vers le bar... Elle était bien là, la fille qu'il avait aperçue trois ou quatre fois auparavant. Elle était belle à sa façon négligée, avec ses taches de rousseur, si tant est qu'une souillon rousse puisse être belle. Comme elle levait ses bras nus pour remettre en place les chopes de bière qu'elle venait de laver, il vit les touffes rousses sous ses aisselles.

«D'accord, d'accord !», aboya l'homme dans le téléphone.

Avec un soupir de soulagement, agrémenté d'un rot, Erwin quitta le restaurant. L'estomac lui pesait et il sentait la nécessité d'un petit somme. A vrai dire, ses souliers neufs pinçaient comme des crabes. Le temps avait changé. L'air était oppresssant. D'énormes nuages en forme de dômes se pressaient les uns contre les autres. Les rues devenaient désertes. Chaque maison semblait remplie à pleins bords des ronflements d'un après-midi dominical. Erwin monta dans un tramway.

Le train se remit en marche. Erwin orienta son visage pâle, luisant de sueur, vers la vitre mais, dans la rue, pas une femme ne passait. Tandis qu'il payait son billet, il remarqua de l'autre côté du couloir central une femme assise qui lui tournait le dos. Elle portait un chapeau de velours noir et une légère robe imprimée de chrysanthèmes entrelacés sur un fond mauve à demi transparent qui laissait voir les bretelles de sa combinaison. La forme sculpturale de cette femme lui donna l'envie d'apercevoir son visage. Quand le chapeau se mit en mouvement et, comme un vaisseau noir, commença de virer de bord, Erwin, comme d'habitude, détourna son regard, puis avec une distraction feinte, jeta un premier coup d'œil à son jeune vis-à-vis, un autre à ses propres ongles, un autre encore à un petit vieux aux joues rouges somnolant au fond de la voiture, puis ayant ainsi assuré ses arrières, son regard se porta tranquillement dans la direction de la femme, qui maintenant le regardait... C'était Frau Monde. Son visage plein, d'où la jeunesse avait fui, était boursouflé par la chaleur, ses sourcils masculins se hérissaient au-dessus des prismes aigus de ses yeux, un sourire légèrement sardonique retroussait les coins de ses lèvres serrées.

«Bonjour, dit-elle de sa voix rauque et douce. Venez donc vous asseoir là. Ah, nous pouvons parler maintenant. Comment cela se passe-t-il ?»

«Cinq seulement», répondit Erwin, sans embarras.

«Excellent. Un chiffre impair. Je vous conseille de vous en tenir là. Et à minuit... ah oui, il ne me semble pas vous l'avoir dit... à minuit vous vous rendrez dans la rue Hoffmann. Vous savez où elle se trouve ? Regardez entre les numéros douze et quatorze. Le terrain vague se changera en une villa au jardin entouré de murs. Les filles que vous aurez choisies vous attendront sur des coussins et des tapis. Je vous attendrai à la grille du jardin... mais il est bien entendu, ajouta-t-elle avec un sourire subtil, que je ne vous dérangerai pas.Vous vous souviendrez de l'adresse ? Il y aura en face de l'entrée un lampadaire flambant neuf.»

«Oh, un détail, dit Erwin, rassemblant son courage, j'aimerais qu'elles soient habillées tout d'abord... je veux dire, je les voudrais dans la tenue où les ai choisies... et il faudrait qu'elles soient très amoureuses et très joyeuses.»

«C'est tout naturel, répliqua-t-elle. Tout sera conforme à vos souhaits, exprimés ou non. Sinon pourquoi nous lancer dans une telle affaire, n'est-ce pas ? Avouez, cependant, mon cher garçon, que vous étiez sur le point de m'enrôler dans votre harem. Mais non, n'ayez pas peur, je voulais juste vous taquiner. Eh bien, voici votre arrêt. Vous avez bien raison de vouloir en rester là. Cinq, c'est un joli chiffre. Je vous verrai sur le coup de minuit, ah-ah !»

4

Une fois arrivé dans sa chambre, Erwin retira ses chaussures et s'étendit sur le lit. Il se réveilla dans la soirée. Un ténor sirupeux, à qui le phonographe d'un voisin prêtait toute sa puissance, chantait : «Ze veu z'être zeureu...eu...eu...»

Erwin, mentalement, refit le compte : «Numéro un, la Pucelle en blanc, la pièce la plus candide de ma collection. Je me suis, peut-être, un peu trop précipité. Enfin, ce n'est pas grave. Puis les jumelles près de l'arrêt du tram, de petites choses jeunes, fardées, gaies. Avec elles, je suis sûr de ne pas m'ennuyer. Numéro quatre, Leilla, la rose garçonnière, c'est peut-être la mieux. Enfin, la Renarde de la taverne. Pas mal non plus. Mais ça n'en fait que cinq. Ce n'est pas beaucoup !»

Il resta allongé un moment, les mains derrière la tête, écoutant le ténor qui voulait toujours être heureux.

«Cinq. Non, c'est absurde. Dommage que ce ne soit pas lundi matin : ces trois midinettes l'autre jour... oh ! Il y a tant de beautés à découvrir ! Je puis toujours au dernier moment ajouter une professionnelle.»

Erwin mit ses souliers de tous les jours, se passa un coup de brosse dans les cheveux et se hâta de sortir.

Vers neuf heures, il en avait ajouté deux autres. Il avait remarqué la première dans un café où il consommait un sandwich et deux doigts de gin hollandais. Elle parlait avec beaucoup d'animation à son compagnon, un étranger triturant sa barbe, dans un langage incompréhensible – du polonais ou du russe – ses yeux gris étaient légèrement en oblique, son nez mince et aquilin se fronçait quand elle riait, et ses jambes élégantes étaient découvertes jusqu'au genou. Tandis qu'il surveillait ses mouvements prompts et la façon insouciante dont elle tapotait sa cigarette, semant la centre sur la table, un mot allemand éclaira, comme s'ouvre une fenêtre, son jargon slave et ce mot imprévu (*offenbar*) ne pouvait être que le signe «évident». L'autre fille, le numéro sept sur la liste, lui était apparue à l'entrée de style chinois d'un petit parc d'attractions. Elle portait un corsage écarlate et une jupe vert vif. Son cou nu se gonflait comme elle criait de plaisir en cherchant à repousser les mains de deux croquants en goguette qui tentaient de l'attraper par la taille, pour qu'elle vienne avec eux.

«Oui, oui, je veux bien !», cria-t-elle enfin et ils l'entraînèrent.

Des lanternes en papier multicolore égayaient l'endroit. Une sorte de traîneau, porteur de passagers gémissants, se précipita le long d'une glissière serpentine, pour disparaître sous les voûtes aux angles vifs d'un décor médiéval, réapparaître plus loin et plonger dans un nouvel abîme avec de nouveaux hurlements. A l'intérieur d'une baraque, sur quatre selles de bicyclettes (il n'y avait pas de roues, juste un cadre, des pédales et un guidon) étaient juchées quatre filles en maillot et short... Une rouge, une bleue, une verte et une jaune... Leurs jambes nues en pleine action. Au-dessus d'elles était suspendu un cadran sur lequel se déplaçaient quatre aiguilles, rouge, bleue, verte, jaune. Au début la bleue était en tête, puis la verte la dépassa. A côté d'elles se tenait un homme avec un sifflet qui ramassait les pièces des nigauds qui voulaient parier. Erwin regardait fixement ces jambes magnifiques, nues presque jusqu'à l'aine et qui pédalaient avec une force passionnée.

«Quelles merveilleuses danseuses elles feraient, pensa-t-il. Il me les faut toutes les quatre.»

Les aiguilles obéissantes se réunirent sur le même point et s'immobilisèrent.

«Match nul ! cria l'homme au sifflet. Une arrivée sensationnelle !»

Erwin but un verre de limonade, consulta sa montre et gagna la sortie.

«Onze heures, onze femmes. Ça suffit, je suppose.»

Il plissa les yeux en imaginant les plaisirs qui l'attendaient. Il était content d'avoir pensé à changer de sous-vêtements.

«Quel air malin elle a pris pour m'expliquer..., se dit Erwin avec un sourire. Bien sûr qu'elle va m'espionner et... pourquoi pas ? Ça donnera du piment !»

Il marchait les yeux baissés, secouant la tête d'un air ravi et il ne la relevait de temps à autre que pour vérifier le nom des rues. Il savait que la rue Hoffmann était assez éloignée mais il disposait encore d'une heure, il n'avait pas besoin de se dépêcher. De nouveau comme la nuit précédente, le ciel était constellé d'étoiles et l'asphalte luisait lisse comme de l'eau, où s'enfonçaient et s'allongeaient les lumières magnifiques de la ville. Il passa près d'un grand cinéma dont le rayonnement ruisselait sur le trottoir, puis au coin de rue suivant un bref éclat de rire enfantin lui fit soudain lever les yeux.

Il vit devant lui un homme grand et âgé en habit de soirée accompagné d'une petite fille. Une enfant d'environ quatorze ans en robe du soir, noire et décolletée. Toute la ville connaissait cet homme par ses portraits. C'était un poète célèbre, un cygne sénile, qui vivait seul dans un faubourg lointain. Il marchait à grandes enjambées avec une sorte de grâce pesante ; ses cheveux, de la teinte de la bourre de coton crue, recouvraient ses oreilles de dessous la toque. Un bouton de plastron dans le triangle de sa chemise amidonnée accrocha la lumière d'un lampadaire, et son long nez osseux projetait une ombre anguleuse au coin de sa bouche aux lèvres minces. Dans ce même instant éphémère le regard d'Erwin effleura le visage de l'enfant qui trottinait au côté du vieux poète ; il y avait quelque chose d'étrange dans ce visage, étrange étaient les yeux beaucoup trop brillants si vite rencontrés, et si elle n'avait pas été une petite fille... sans doute la petite-fille du poète... on aurait pu croire que sur ses lèvres il y avait une touche de rouge. Elle marchait avec à peine un balancement des hanches, un balancement si léger, et ses jambes glissaient l'une contre l'autre. Elle demandait quelque chose à son compagnon d'une voix sonore... Et bien qu'Erwin n'eût pas donné mentalement d'ordre, il sut que son vœu secret et rapide avait été exaucé.

«Oh, bien sûr, bien sûr», répondit l'homme d'un ton caressant, en se penchant vers l'enfant.

Ils étaient passés. Erwin sentit une bouffée de parfum. Il jeta un coup d'œil derrière lui, puis continua son chemin.

«Eh, attention», murmura-t-il soudain comme l'idée lui vint que cela faisait douze : un chiffre pair : «Il faut que j'en trouve une autre. Il me reste une demi-heure.»

Cela l'ennuyait un peu de continuer ses recherches mais, en même temps, il éprouvait un certain plaisir à disposer d'une nouvelle chance.

«J'en trouverai une en chemin, se dit-il, luttant contre un début de panique. Je suis sûr d'en trouver une !»

«Et, peut-être ce sera la plus délicieuse», remarqua-t-il à haute voix comme ses yeux fixaient la nuit lustrée.

Et quelques minutes plus tard il éprouvait cette sensation délicieuse et familière : cette impression de froid au plexus solaire. Une femme devant lui marchait à pas rapides et légers. Il ne la voyait que de dos et n'aurait pu expliquer pourquoi il ressentait le désir si poignant de dépasser cette femme-là et de la regarder. Les mots vous viendraient sans doute pour décrire sa façon de se tenir, le mouvement de ses épaules, la forme de son chapeau, mais à quoi bon !

Quelque chose qui était au-delà des lignes visibles, une sorte d'atmosphère particulière, une excitation impalpable poussaient Erwin de l'avant. Il marchait vite et, pourtant, il ne parvenait pas à la rattraper ; les reflets humides des lumières palpitaient devant lui ; elle avançait régulièrement, et son ombre noire se déployait, comme elle passait dans le halo d'un bec de gaz, glissait le long d'un mur, se coulait à son arête et disparaissait.

«Bon dieu, il faut que je voie son visage, marmonna Erwin. Le temps passe.»

Bientôt il oublia l'heure. Cette étrange chasse silencieuse dans la nuit l'enivrait. Il réussit enfin à la dépasser et continua, la distança, sans avoir le courage de se retourner pour la regarder, il se contenta de ralentir, sur quoi elle le rattrapa à son tour, si vite qu'il n'eut pas le temps de lever les yeux. Et, de nouveau, il se trouvait à dix pas derrière elle, soudain sûr, sans avoir vu son visage, qu'elle était sa plus belle prise. Des lumières colorées s'épanouissaient, s'éteignaient, brillaient encore, il fallait franchir une place, une flaque de noirceur lisse, tandis qu'une fois de plus la femme avec le cliquetis de ses hauts talons montait sur le trottoir suivant, Erwin toujours derrière, un Erwin abasourdi, désincarné, enivré de lumières brumeuses, de la nuit humide et de la chasse.

Qu'est-ce qui l'attirait ? Ce n'était pas sa démarche, ni sa silhouette, mais quelque chose d'autre, qui le charmait et l'accablait, comme si, tout autour d'elle, il y avait une tension vibrante : simple fantaisie, peut-être, le battement d'ailes, les extases de l'imaginaire ; ou peut-être était-ce cela même qui change la vie entière d'un homme d'un seul coup de baguette divine... Erwin ne s'apercevait de rien ; il se contentait de se hâter derrière elle sur l'asphalte et la pierre, qui devenaient également immatériels dans la nuit évanescente.

Puis les arbres, les tilleuls printaniers se joignirent à la chasse : ils avançaient en murmurant de chaque côté, au-dessus de sa tête, tout autour de lui ; les petits cœurs noirs de leurs ombres se mêlaient au pied de chaque réverbère, et leur arôme poisseux et délicat l'encourageait.

Et Erwin était tout près. Un pas de plus et il la dépasserait. Elle s'arrêta brusquement devant une grille et chercha ses clefs dans son sac. L'élan d'Erwin le fit presque buter dans la jeune femme. Elle tourna son visage vers lui et à la lumière que dispensait une lampe à travers les feuilles d'émeraude, il reconnut la fille qui, ce matin-là, jouait avec un chiot noir et laineux sur une allée sablée, et immédiatement il se souvint, immédiatement comprit tout son charme, sa tiédeur tendre, son rayonnement sans prix.

Il resta immobile à la regarder avec un sourire misérable.

«Vous devriez avoir honte, dit-elle tranquillement. Laissez-moi tranquille.»

La petite grille s'ouvrit et claqua. Erwin demeura debout sous les tilleuls silencieux. Il regarda autour de lui, ne sachant pas où aller. A quelques pas de distance, il vit deux bulles lumineuses : une voiture était arrêtée près du trottoir. Il s'approcha et toucha l'épaule du chauffeur immobile qui ressemblait à un mannequin.

«Pouvez-vous me dire le nom de cette rue ? Je suis perdu.»

«C'est la rue Hoffmann», dit le mannequin sèchement.

Puis une voix familière, rauque, douce, s'éleva de l'intérieur de la voiture :

«Bonsoir, c'est moi.»

Erwin s'appuya d'une main sur la portière et répondit mollement.

«Je m'ennuie à périr, dit la voix, j'attends mon amant. Il devait apporter le poison. Tous les deux nous mourrons à l'aube. Comment allez-vous ?»

«Chiffre pair», dit Erwin, faisant glisser son doigt sur la portière poussiéreuse.

«Eh oui, je sais, répondit calmement Frau Monde. Le chiffre treize était le même que le un. Vous avez raté votre affaire.»

«Dommage», dit Erwin.

«Dommage», fit-elle en écho, et bâilla.

Erwin s'inclina, baisa le gant noir, tendu sur cinq doigts écartés, et avec une légère toux se détourna pour s'enfoncer dans l'obscurité. Il marchait d'un pas lourd, ses jambes lui faisaient mal ; la pensée que le lendemain était un lundi et qu'il lui faudrait se lever tôt l'accablait.

VLADIMIR NABOKOV
Traduction de Gérard-Henri DURAND
Ed. Julliard, 1977

extraits du

Le dictionnaire du diable

AMBROSE BIERCE

a

ADMIRATION, n. Hommage poliment rendu à un écho sous-estimé de nous-mêmes.

B

BARBANT, adj. Personne qui, alors qu'on voudrait qu'elle nous écoute, nous accable d'un discours si long et ennuyeux qu'il nous fait pousser des poils sur le visage.

C

CHOU, n. Légume du potager mortel, de taille et d'intelligence équivalentes à une tête humaine.

D

DÉLUGE, n. Premier baptême connu, censé avoir nettoyé le monde des péchés (et de leurs auteurs).

e

ÉCŒUREMENT, n. Dégoût passager après dégustation excessive de gourmandises ecclésiastiques (telles que : prélats, nonnes, abbesses). Exemples de causes d'écœurement : un ver pour un crapaud, un crapaud pour un serpent, un serpent pour un cochon, un cochon pour un homme, un homme pour un ver.

f

FRATRIE, n. lieu d'apparence extensible pour le partage des sentiments : se limite à la deuxième syllabe si un héritage se profile.

G

GRAVE, adj. État dans lequel se trouvent les morts avant l'arrivée du médecin légiste.

H

HERSE, n. Berceau contondant qu'offre la Mort au petit d'homme.

I

IMPIÉTÉ, n. État de prosternation par lequel l'être humain rend grâce à ma grandeur.

J

JALOUSIE, n. État paroxystique d'intérêt pour ce qui n'a pas assez de valeur pour être gardé.

K

KNOUT, n. (peu usité) Supplice raffiné de l'ancienne Russie, qui permettait de licencier son personnel avant le terme du contrat, sans préavis et tout en se divertissant.

L

LANGAGE, n. Musique qu'on enseigne aux serpents pour garder les trésors d'autres serpents.

M

MARTYR, n. Celui qui a le moins de dégoût pour la mort qu'il a désirée.

N

NUISANCE, n. Constante de base de l'être humain. Signe caractéristique par lequel on reconnaît l'existence d'une civilisation.

O

OLIVIER, n. Munition archaïque de l'Enfer. Pousse sur de petites montagnes où les vrais amis sont rares.

P

PIRATERIE, n. Commerce dépouillé des convivialités préliminaires habituelles (Syn. vente directe).

Q

QU'EN-DIRA-T-ON, n. Denrée que refusent pour eux-mêmes ceux qui vous en approvisionnent dans les meilleurs délais.

R

RAISONNER, v. Action de mettre en mots abstraits et hermétiques, le désir que je n'existe pas, afin de commettre plus confortablement une exaction (= moyen sûr de confirmer mon existence).

S

SAINT, n. Pécheur mort, revu et corrigé.

T

TÉLÉPHONE, n. Invention diaboliquement géniale. Son inconvénient majeur, cependant, est d'avoir aboli la distance avec les personnes indésirables.

V

VERTUS, n. pl. Ensemble des privations reconnues dont on se pare à toute heure. Leur seule utilité : faire bonne impression en toute circonstance.

Y

YO-YO, n. (Syn. métronome satanique)
Balancier de l'âme humaine entre désir de l'interdit et crainte du châtiment. Rythme aussi les trois cent soixante-cinq récoltes de l'Enfer.

Z

ZÈLE, n. Impudeur se vautrant avec délectation sur sa propre image, surtout lorsqu'elle irrite l'œil de l'autre.

«Lorsque le Zèle vint chez la Gratitude chercher sa récompense,
il dit : 'O Déesse !'
'Que veux-tu ?' demanda celle-ci, se prosternant.
'Une onction pour ma couronne désertie et fissurée.'»

Jum Coople

Alors on les prend dans une longue cuillère bien pleine.
Et ils sont dévorés par un démon.

CHAUCER

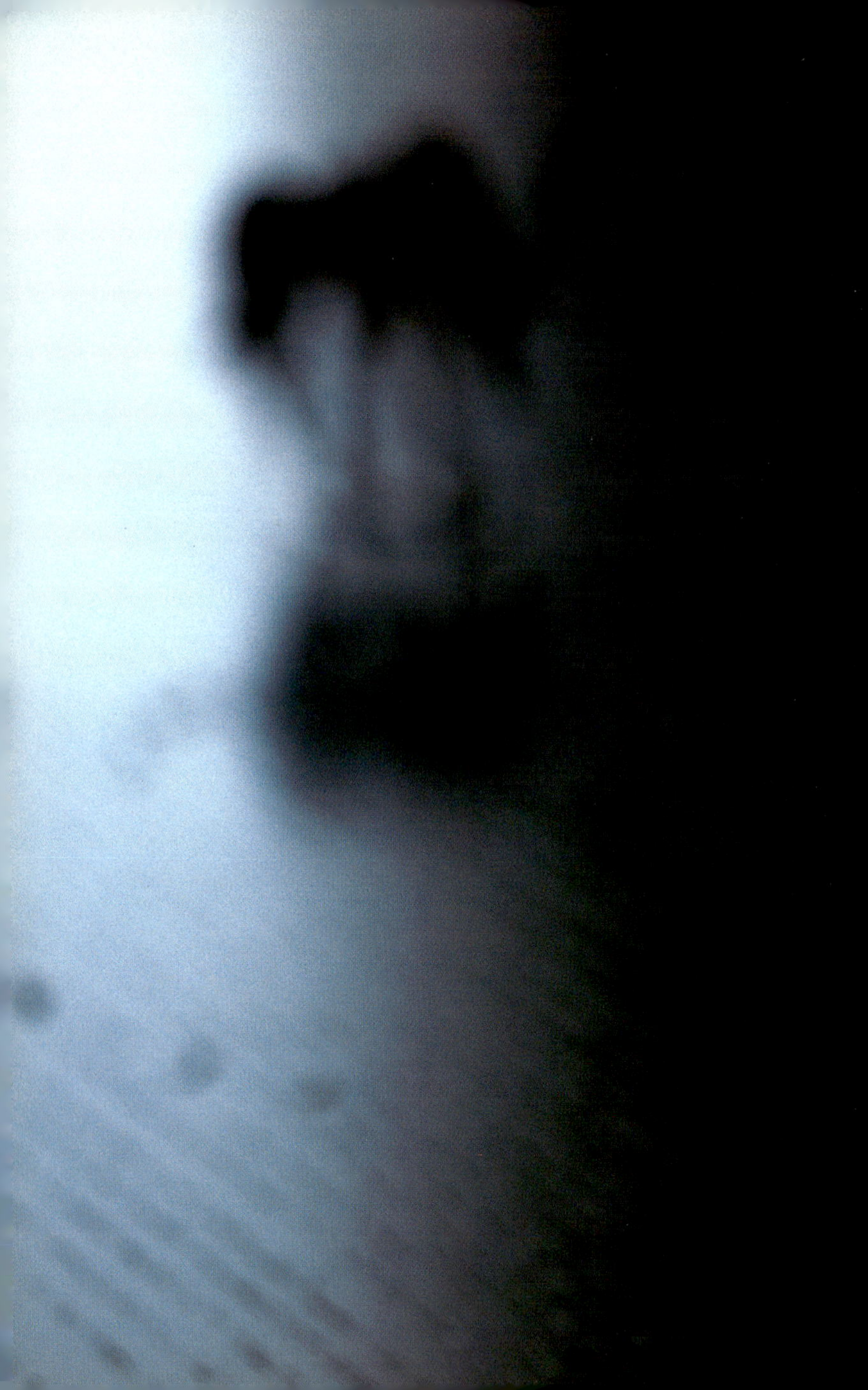

« Vous ne m'aimez pas, j'en suis fâché : cela vous empêche-t-il de vous servir de moi ? Le diable n'est pas si noir qu'on le peint. Vous m'avez impatienté hier, cela est vrai : mais je ne vous en tiens pas rancune aujourd'hui, et vous m'avouerez que je vous ai déjà abrégé le chemin jusqu'ici. Allons, faites encore une fois l'essai de votre ombre.»

Déjà le soleil paraissait à l'horizon, et je voyais du monde s'avancer vers nous sur la route. J'acceptai la proposition, quoique avec une extrême répugnance, et l'homme gris, en souriant, laissa glisser à terre mon ombre, qui alla aussitôt prendre place sur celle de mon cheval, et se mit à trotter gaiement à mon côté ; je ne saurais exprimer l'étrange émotion que je ressentis à cette vue.

Je passai devant une troupe de paysans, qui se rangèrent pour faire place à un homme riche, et ôtèrent respectueusement leurs chapeaux. Le cœur me battait avec force, et, du haut de mon cheval, je regardais de côté, et d'un œil de convoitise, cette ombre qui, autrefois, m'avait appartenu, et que maintenant je ne tenais qu'à titre de prêt d'un étranger, d'un être que j'abhorrais.

Mon compagnon, cependant, semblait être dans la plus parfaite sécurité ; il me suivait en s'amusant à siffler, lui à pied, moi bien monté. La tentation était trop forte : il me prit comme un vertige, je piquai des deux, courus ainsi à pleine carrière un certain espace de chemin ; mais je n'emmenais pas mon ombre avec moi ; elle avait glissé sous celle de mon cheval, lorsque celui-ci avait pris le galop, et était retournée à son légitime propriétaire.

Il me fallut honteusement tourner bride. L'homme en habit gris, lorsqu'il eut tranquillement achevé son air, se moqua de moi, rajusta mon image à la place qu'elle devait occuper, et m'apprit qu'elle ne me resterait attachée que lorsqu'elle serait redevenue ma propriété.

«Je vous tiens, continua-t-il, par votre ombre, et vous ne m'échapperez pas : un homme riche comme vous a besoin de ce meuble, et vous n'avez que le tort de ne pas l'avoir senti plus tôt.»

ADELBERT VON CHAMISSO
Peter Schlemiel
Traduction d'Hippolyte et Adelbert von Chamisso
Ed. José Corti, 1989

Le maître et Marguerite

MIKHAIL BOULGAKOV

A peine achevait-il ces mots que l'air brûlant se condensa devant lui, et prit rapidement la consistance d'un citoyen, transparent et d'un aspect tout à fait singulier. Sa petite tête était coiffée d'une casquette de jockey, et son corps aérien était engoncé dans une mauvaise jaquette à carreaux, aérienne elle aussi. Ledit citoyen était d'une taille gigantesque – près de sept pieds – mais étroit d'épaules et incroyablement maigre. Je vous prie de noter, en outre, que sa physionomie était nettement sarcastique.

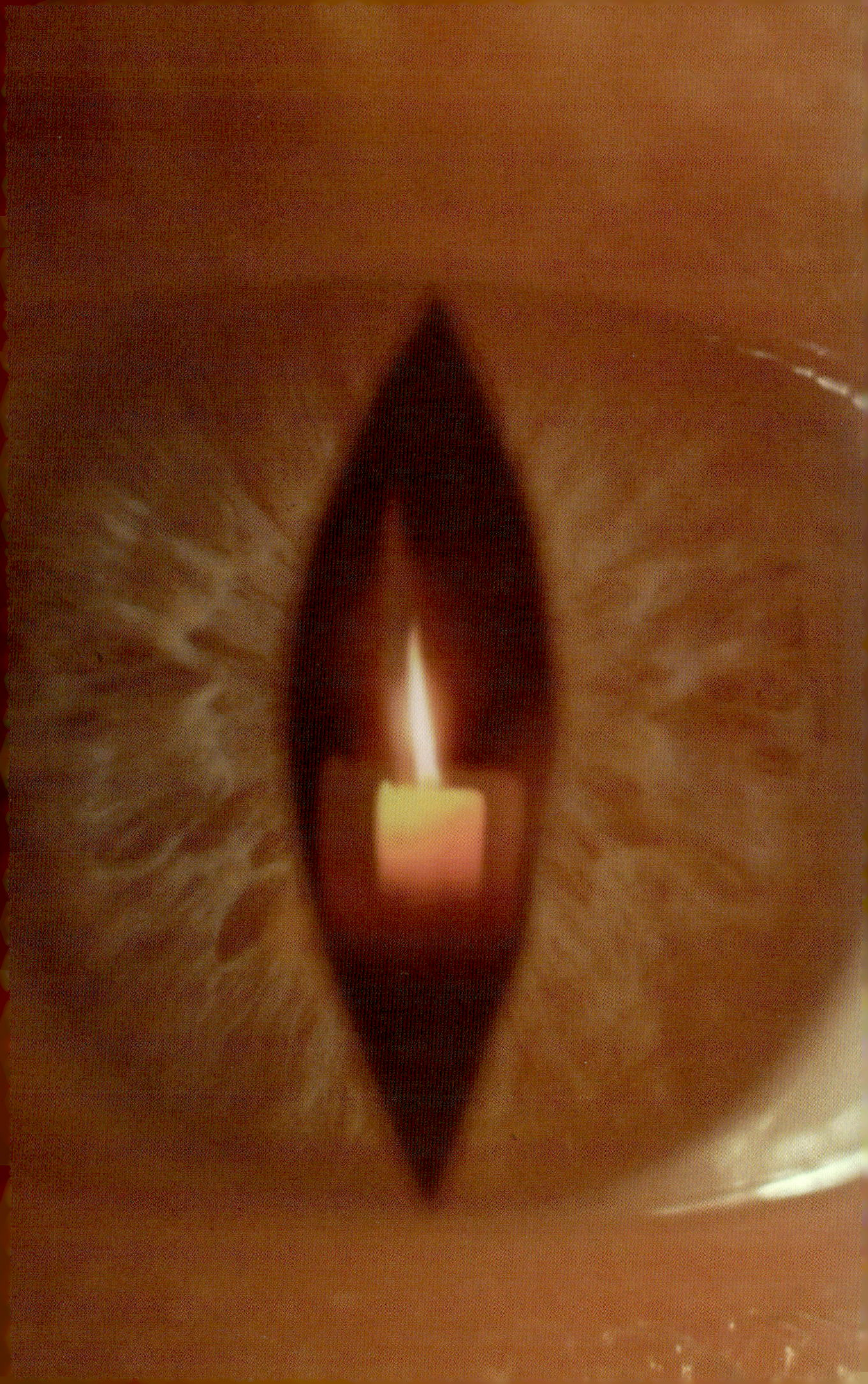

Deux yeux étaient fixés sur le visage de Marguerite. Au fond de l'œil droit brûlait une étincelle, et cet œil paraissait capable de fouiller une âme jusqu'à ses plus secrets replis. L'œil gauche était noir et vide, comme un trou étroit et charbonneux, comme le gouffre vertigineux d'un puits de ténèbres sans fond. Le visage de Woland était dissymétrique, le coin droit de la bouche tiré vers le bas, et son haut front dégarni était creusé de rides profondes parallèles à ses sourcils pointus. La peau de son visage semblait tannée par un hâle éternel.

Woland était largement étalé sur le lit, et portait pour tout vêtement une chemise de nuit sale et rapiécée à l'épaule gauche. L'une de ses jambes nues était ramenée sous lui ; l'autre était allongée, le talon posé sur le petit tabouret. Hella frottait le genou brun de cette jambe à l'aide d'une pommade fumante.

Dans l'échancrure de la chemise de nuit, Marguerite aperçut également, sur la poitrine lisse de Woland, un scarabée taillé avec art dans une pierre noire, avec des caractères mystérieux gravés sur le dos. (...)

Par la suite – alors qu'à vrai dire, il était déjà trop tard – différentes institutions décrivirent ce personnage dans les communiqués qu'elles publièrent. (...) Ses dents portaient bien des couronnes, mais en platine à gauche et en or à droite. Il était vêtu d'un luxueux

complet gris et chaussé de souliers de fabrication étrangère, gris comme son costume. Coiffé d'un béret gris hardiment tiré sur l'oreille, il portait sous le bras une canne de jonc, dont le pommeau noir était sculpté en tête de caniche. Il paraissait la quarantaine bien sonnée. Bouche légèrement tordue. Rasé de près. Brun ? L'œil droit noir, le gauche – on se demande pourquoi – vert. Des sourcils noirs tous deux, mais l'un plus haut que l'autre. Bref : un étranger.

Traduction de Claude Ligny
Pocket. 1994

Hombre dormido! Ni el pecado, ni la muerte, ni el Demonio duermen. Ten cuidado

Le diable est bon lorsqu'il est contenté.
JOHN CLARKE

L'impôt, sous toutes
ses formes, a fait plus
de menteurs que le diable.
WILL ROGERS

SI DIEU N'EXISTAIT PAS, VERRAIT-ON AUTANT DE PIÉTÉ ?

SI LE DIABLE N'EXISTAIT PAS, VERRAIT-ON MOINS DE CRUAUTÉ ?

La boîte à outils du Diable

Je suis un professionnel de la persuasion ; et nous sommes effectivement légion : promoteurs, politiciens, acteurs, trafiquants et colporteurs, stars de l'indigence et télé-prédicateurs, méditatifs, don Juans et petits saints de toutes sortes. Nous passons nos jours et nos nuits à manipuler les esprits, espérant, en retour, obtenir un changement notable des comportements humains, en notre faveur. Vous est-il arrivé de jouer avec une marionnette à fils ? De pousser une rangée de dominos ? Le processus est semblable mais parce que nos jouets, à nous, impliquent des règles propres, et procèdent du libre arbitre, je les apparente aux outils de dressage.

Nous sommes de temps à autre en compétition. Peut-être m'avez-vous déjà vu, représenté sur quelque tableau singulièrement pittoresque, tirant par la manche un pécheur sur son lit de

mort, tandis que la famille, les anges, ou le grand patron lui-même, planent dans un nuage d'anticipation. Nous allons jusqu'à nous adresser quelques civilités mondaines, pour ne pas laisser éclater le scandale en public.

L'art de la persuasion n'est pas pour nous un jeu d'enfant, mais plutôt un passe-temps d'homme raffiné, où il ne tient qu'à vous de voir, soit le bien, soit le mal.

Les méthodes de persuasion sont nos outils, et comme nombre de mes collègues, j'utilise les meilleurs. Certains ont fait leurs preuves ; polis par le temps, ce sont les outils de référence de nos professions, qu'aucun progrès ne saurait améliorer.

Voici, dans les pages qui suivent, quelques exemples chers à nos différentes corporations. Peut-être penserez-vous, comme moi, que la vraie noblesse d'un outil est dans l'art de l'utiliser… Je vous invite déjà à admirer, dans le détail, les pièces que j'ai sélectionnées pour vous dans ma collection personnelle.

Les outils de levage

empathie et sympathie

Qui peut résister au désir de s'identifier (même moi, j'aspire à la sympathie). Mais rappelez-vous toujours que finesse et subtilité sont de rigueur. Une approche délicate gagne, à coup sûr, la confiance et permet de lever les inhibitions et les défenses des esprits bornés. Agissez grossièrement, sans tact, et vous gâcherez tout ; il ne vous restera plus qu'à passer à la victime suivante...

Si vous voulez l'âme d'un «pauvre diable» (mais ce peut être aussi son vote, son argent ou son intérêt sexuel), essayez l'empathie d'abord, introduisez-vous à l'intérieur de la bergerie par le biais d'une similitude avec les faiblesses de l'animal. Notre culture nous apprend que la capacité d'adaptation et l'instinct grégaire sont des vertus, c'est un talon d'Achille dont il serait stupide de ne pas profiter. Moi, j'appellerais plutôt cette faculté «talent». Imaginez-vous que vous voulez ouvrir une huître : vous allez tout d'abord chercher la brèche, que vous détendrez doucement au moyen de l'empathie, puis, y introduisant la sympathie comme levier, vous élargirez l'écartement sans effort. Vous créerez, par une pression constante et rotative, un plus grand passage qui affaiblira votre sujet à la base et qui s'avérera difficile à refermer.

Les outils du diable, luisants et affutés, jamais ne trahiront la main de l'ouvrier qui leur ressemble.

Les outils d'ajustage

La présomption du bien, la piété et la vertu

Qu'il est facile de s'appeler vertueux aujourd'hui ! Même moi, j'en suis consterné. En dépit de leurs déclarations, et même si j'ai honte pour eux de leurs tactiques, je sais reconnaître à leur juste valeur les mérites de mes collègues sanctifiés. Ils m'aident à ne pas oublier que les plus convaincants sont toujours ceux qui clâment la supériorité morale. C'est l'outil indispensable suivant.

Les médias ont ici un avantage certain. Usant de leur habileté professionnelle, alliée à des dons naturels pour la tromperie, ils subtilisent à leurs victimes le sens critique et la logique les plus élémentaires. Si ces manipulateurs de métier parviennent à se prendre au jeu de leurs propres roueries, imaginez quel pouvoir de persuasion ils ont sur les autres !

fuis si tu peux ou plaide si tu l'oses.
mais garde-toi de te tromper...

Les outils de la consolidation

un lot par boîte

Lorsque vous voyez que votre incitation fonctionne, pourquoi lésiner sur les récompenses ? Les plaisirs, une fois éprouvés, se conservent mal, donc, pas de petites économies. Avant tout, déballez bien tout le stock de marchandises alléchantes dont vous disposez : richesses, célébrité, confort, amour ou rédemption (le grand modèle).

La dépendance de vos victimes à ces luxes vous permettra ensuite de plonger votre crochet un peu plus profondément.

Si à ton tour, son tour tu veux répéter,
assure-toi d'être bien entraîné.

Les outils tranchants
peur, remords, faute

La peur est un outil à fonctions multiples. Il est parfait pour la stigmatisation, la ségrégation, l'isolation et la paralysie. Son efficacité est identique qu'il s'agisse de travailler sur une population entière ou bien sur un seul individu. Son amplitude et sa portée sont impressionnantes.

Pour la plupart des professionnels de la persuasion, la peur est un instrument de dernier recours, et au risque de vous surprendre, ce n'est pas mon favori. Je considère en effet que semer la terreur dans les esprits est un ouvrage industriel, fruste et indigne de l'artisan créatif que je suis. Je préfère raboter longuement, en utilisant les lames jumelées du remords et de la faute. Je trouve beaucoup plus artistique de suivre une victime taraudée par le remords, la jalousie ou la rancune, et d'anticiper le moment où elle accueillera, pantelante, le retour des plaintes pitoyables et des remords grotesques, pour finir par assister à l'effondrement délicieux du peu de dignité qui lui reste. Mes ustensiles peuvent devenir, pour vous aussi, les instruments de l'ouvrage le plus agréable, mais retenez, cependant, cette note :

Déversez sans compter peur,
remords et faute sur l'homme pour qu'une particule
seulement de faiblesse, de tristesse,
ou de bassesse l'atteigne une fois sur deux.

Les outils de contention

intolérance, haine, exclusion, défiance

Les récidivistes incorrigibles constituent une tracasserie permanente, mais en revanche, si vous appliquez un entretien de maintenance systématique et rigoureux, vous conserverez, sans problèmes, vos victimes sur la pente droite et périlleuse où vous les avez placées.

Comment les vrais professionnels de la persuasion retiennent-ils leurs ouailles, leurs petites victimes chéries ? Là encore, la peur est l'outil qui convient. Pas les gros instruments fonctionnant à l'adrénaline, du film d'horreur ou du cauchemar subit, ou encore de l'ombre inquiétante dans le fourré – car n'oublions pas qu'une ombre dans un fourré peut parfois n'être qu'une ombre dans un fourré... La peur qui grandit incidieusement se transforme petit à petit en quelque chose de mauvais et d'irrationnel. Cela nécessite obligatoirement d'avoir recours à la haine, l'exclusion et la défiance, des impulsions archaïques, autant que je le suis moi-même.

N'ai-je pas été le premier sujet à tester la persuasion, par mon expérience didactique de leurs outils et leurs méthodes ?

pariez votre argent sur les chevaux de l'imaginaire.

CONCLUSION OU ILLUSION ?

James Agee a écrit : «Je ne suis pas certain que le puritanisme soit le déguisement le plus mal cousu du plus méchant diable de la terre.» Il montrait, par là, qu'il savait parfaitement que ceux qui sont voués au «Bien» usent des mêmes méthodes d'influence que ceux qui sont voués au «Mal». Il savait aussi que le Mal peut émerger d'une bonne action et le bien s'élever de la turpitude.

Finalement, le consommateur, le converti, le paroissien, le soldat, l'amoureux, le patriote, le sage, l'esclave sont tous, à des degrés variés, des êtres manipulés. Mon conseil à toi, lecteur : lève la tête, tourne-la, de gauche et de droite, ouvre les yeux bien grands. Je suis juste derrière toi, là où Dieu nous a placés – moi et mes agents de persuasion.

Qu'il te faille avoir à cœur de parier sur lui ?

... Rien n'est moins sûr.

Les modèles de votre comportement sont

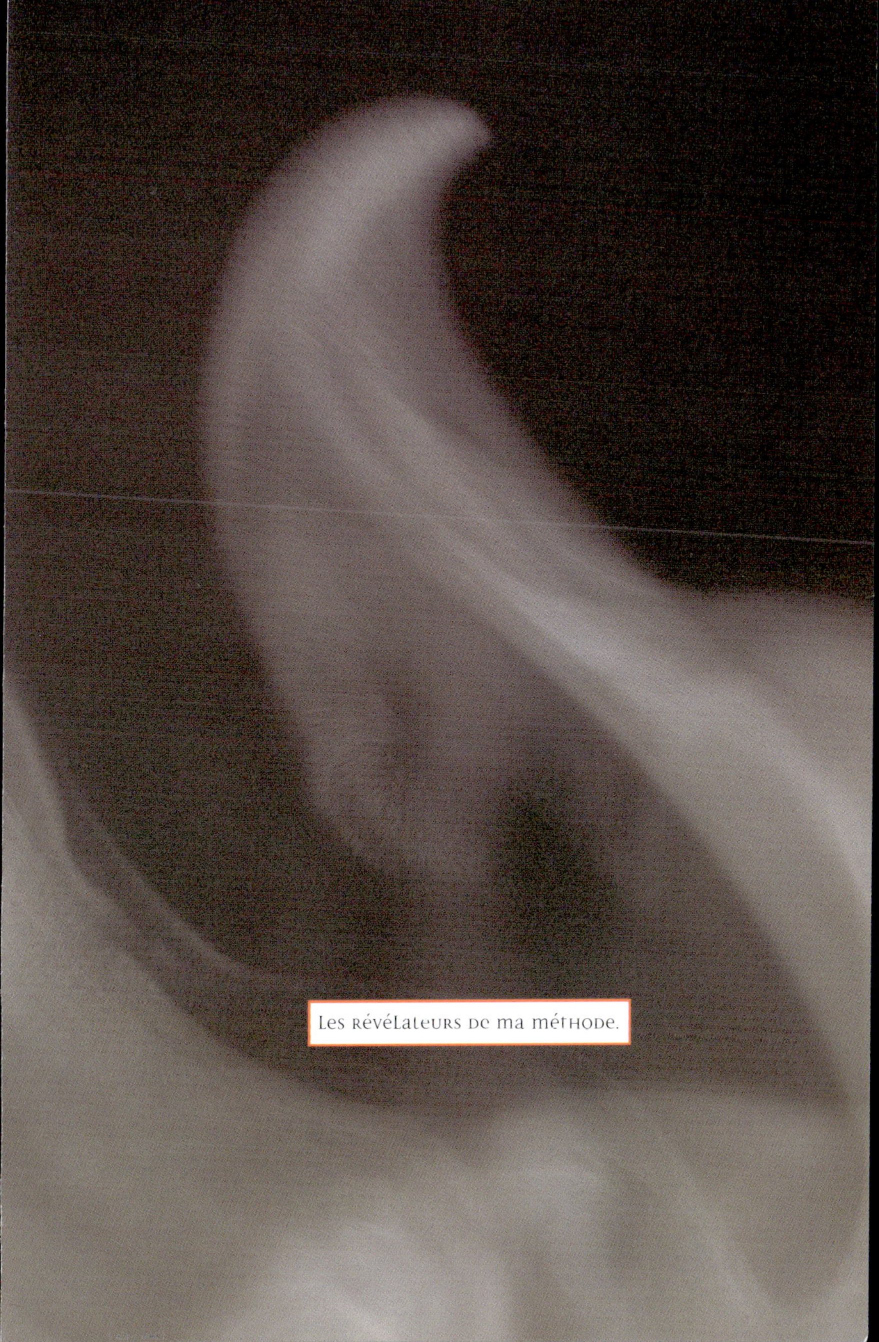

Les révélateurs de ma méthode.

Crédits photographiques et droits de reproduction

Nous avons fait tous nos efforts pour réunir ici les crédits photographiques. Si nous avons commis des erreurs ou des omissions, merci de nous les communiquer afin que nous puissions les corriger dans les prochaines éditions.

Page 12 Mark Twain, « La Lettre de Satan » extraite de *Letters from the Earth*, édité sous la direction de Bernard de Voto. Copyright © 1938, 1944, 1946, 1959, 1962, Mark Twain Company (© renewed). Reproduit avec l'autorisation de HarperCollins Publishers, Inc.

Page 14 Henrich Heine, *Pictures of Travels : The Return Home*.

Page 16 Kurt Seligman, *Magic, Supernaturalism and Religion*. Copyright © 1948, Pantheon Books. Reproduit avec l'autorisation de l'éditeur.

Page 29 John Milton, *Paradise Lost*, Livre I.

Page 31 John Milton, *Paradise Lost*, Livre I.

Pages 32-33 Anatole France, *La Révolte des anges*, *in Œuvres*, volume IV. Editions Gallimard, La Pléiade, Paris, 1994.

Page 40 Copyright © 1982 Jenny Holzer. Utilisé avec l'autorisation de Jenny Holzer.

Page 64 Maurice Garçon et Jean Vinchon, *Le Diable*, chapitre 5. Editions Gallimard, Paris, 1926.

Page 71 Billy Graham, « Satan's Wiles ». Reproduit avec l'autorisation de Tribune Media Services.

Page 90 Tom Spanbauer, *The Man Who Fell in Love with the Moon*. Copyright © 1991, Atlantic Monthly Press.

Pages 103-107 William Thackeray, « The painter's Bargain ».

Pages 121-135 Vladimir Nabokov « Conte de ma mère l'oie » extrait de *L'Extermination des Tyrans*. © Editions Julliard, Paris, 1977. Traduction de Gérard-Henri Durand.

Page 143 Adelbert Von Chamisso, *Peter Schlemihl*. Editions José Corti, Paris, 1989. Traduction © Hippolyte et Adelbert Von Chamisso.

Pages 145-149 Mikhail Boulgakov, *Le Maître et Marguerite*. © Editions Robert-Laffont, Paris. Traduction de Claude Vigny.

Photographies de Ed Marquand excepté :

Couverture : Collection de Dolph Gotelli.

Pages 16 et 17 Andrea di Bonaiuto, *Christ portant la Croix, Crucifixion et Descente aux Limbes* (détails), Chapelle des Espagnols, Santa Maria Novella, Florence. Photo : Scala/Art Resource, New York.

Page 18 Collection de Martha Avery.

Page 19 *Ahuras combattant les Devins* (détail), Iran. The Metropolitan Museum of Art, New York. Gift Arthur A. Houghton, Jr., (1970.301.3). © 1996 The Metropolitan Museum of Art.

Page 20 Esquisse de Heinrich Kley.

Pages 20-21 Marcel Duchamp, Sans titre. Tiré du *Minotaure Magazine* # 6 (hiver 1935). Avec l'autorisation de Richard Lorenz. © 1996 Artists Rights Society ARS, New York /ADAGP, Paris. Photographie : M. Lee Fatherree.

Page 23 Marco Prozzo, *Dans le vide*, 1996.

Page 24 *L'Apocalypse de saint Jean*, France, IXe siècle. Bibliothèque Municipale de Cambrai. Photographie : Giraudon.

Page 25 Pol de Limbourg, *Chute des anges rebelles*, tiré des *Très Riches Heures du duc de Berry*, folio 64, France, XVe siècle. Musée Condé, Chantilly. Photographie : Giraudon.

Page 26 *Saint Michel*, Mexique. Musée des Beaux-Arts de San Antonio, San Antonio, Texas, USA.

Pages 27, 28-29, 30, 32 Gravures de Gustave Doré, XIXe siècle. Photographies : Rob Vinnedge.

Pages 34-35 *Le Jugement universel* (détails), XII-XIIIe siècle, Basilique de Torcello, Italie.

Pages 36-37 Domenico di Michelino, *Dante, le Paradis et l'Enfer*. Photographie : David Lees/Corbis.

Pages 38-39 Attribué à Simon Marmion, *Les Visions du Chevalier Tondal*, folio 13v et 17 (détails). J. Paul Getty Museum, Los Angeles.

Page 41 Gravure sur bois, Allemagne, XIVe siècle.

Page 42 Maître de Catherine de Clèves, *Bouche de l'Enfer*, tiré du *Livre des Heures de Catherine de Clèves* (M. 945), folio 168v (détail), Pays-Bas, vers 1435. The Pierpont Morgan Library, New York. Photographie : Art Resource.

Pages 44-45 Gustave Doré, *Lucifer, roi de l'Enfer*. Gravure extraite de *La Divine Comédie* de Dante illustrée par Gustave Doré, 1868. Photographie : Rob Vinnedge.

Page 46 Hugo van der Goes, *La Chute de l'homme*, XVe siècle. Kunsthistorisches Museum, Vienne.

Pages 48-49 Michel-Ange, *La Chute de l'homme*, 1508-1512. Chapelle Sixtine, Palais du Vatican, Rome. Photographie : A. Brachetti-P. Zigrossi, Les Musées du Vatican.

Pages 50 Duane Michals, *L'Ange déchu*, N° 1 et 8, 1968.

Page 52 Jan Mandyn Van Haarlem, *Le Jugement dernier*, Museum of Arts, Springfield, Mass., James Philip Gray Collection.

Pages 54-55 Marco Prozzo, *L'Echelle de la vie*, 1996.

Page 56 Jen Colombe, *Enfer*, tiré des *Très Riches Heures du duc de Berry*, folio 108v, France, XVe siècle. Musée Condé, Chantilly. Photographie : Giraudon.

Pages 58-59 *Christ aux Limbes*, Museum of Fine Arts, Springfield, Mass., James Philip Gray Collection.

Pages 60-61 *Les Chemins vers le Ciel et l'Enfer*, Etats-Unis, vers 1830. Collection de Sam et Elizabeth Davidson. Photographie : William Wickett.

Pages 62-63 J. G. Posada.

Page 64 Collection de Ed Marquand.

Page 65 Photographie : Marsha Burns.

Pages 66-67 Duccio, *La Tentation du Christ sur la montagne* (détail). Copyright © The Frick Collection, New York.

Page 69 Gustave Doré, *« Et aussitôt , l'Esprit le pousse au désert. Et il était dans le désert durant quarante jours tenté par Satan »* (Marc : I-12), XIXe siècle. Photographie : Rob Vinnedge.

Page 70 Juan de Flandes, *La Tentation du Christ*, vers 1500. Ailsa Mellon Bruce Fund, Copyright © 1996 Board of Tustrees, National Gallery of Art, Washington D.C.

Page 74 Michael Pacher, *Le Diable montre à saint Augustin le livre du blasphème*, XVe siècle. Alte Pinakothek, Munich. Photographie : Artothek.

Page 75 (en haut) *Saint Antoine lacéré par les démons*. Photographie : Francis G. Mayer/Corbis.

Page 75 (en bas) Collection de Ed Marquand.

Page 76 Max Ernst, *La Vierge Marie corrigeant l'Enfant Jésus devant trois témoins : André Breton, Paul Eluard et le peintre*, 1926. Wallraf-Richartz Museum, Cologne. © 1996 Artists Rights Society, ARS, New York/SPADEM ; ADAGP, Paris. Photographie : Artothek.

Page 77 Giovanni Pagani da Monterubbiano, *La Vierge de Mercy*, 1506. Musée du Petit Palais, Avignon.

Page 78 William Blake, *Et Job est accablé de douleur cuisante* (en haut) et *Satan lui-même se métamorphose en ange de la lumière* (en bas), tirés des *Illustrations du Livre de Job*, vers 1820, planches VI et IX. Collection de Sam et Elizabeth Davidson. Photographies : William Wickett, The Henry E. Huntington Library and Art Gallery.

Page 79 William Blake, *Satan, le Péché et la Mort : Satan arrive aux portes de l'Enfer*, fin XVIIIe - début XIXe siècle. The Henry E. Hungtington Library And Library and Art Gallery, San Marino, Californie, USA.

Page 84 Jean-Jacques Feuchère, *Satan*, milieu XIXe siècle. Los Angeles County Museum of Art, Times Mirror Foundation, Los Angeles, USA.

Page 90 Collection de Ed Marquand.

Page 100 Grotesque, Cathédrale Lincoln, Lincolnshire, Angleterre, XIIe siècle. Photographie : Frederick Evans, 1891, avec l'autorisation de Richard Lorentz.

Page 104 *« Commérages » et Satan vint aussi*. Collection de Ed Marquand.

Page 105 *Sculpture en bois*, Mexique. Collection de Dolph Gotelli. Photographie : Ed Marquand.

Page 106 Photographie : John Hubbard.

Page 112 Photographie : Marco Prozzo.

Page 113 Collection de Dolph Gotelli. Photographie : Ed Marquand.

Pages 114-115 Photographie : Marsha Burns.

Page 119 Grotesque, Cathédrale Lincoln, Lincolnshire, Angleterre, XIIe siècle. Photographie : Frederick Evans, 1891, avec l'autorisation de Richard Lorentz.

Page 121 Rebecca Faeth Bird, Sans Titre, 1995. Collection de Susan E. Kelly.

Page 136 Frise, Angleterre (détail), XIXe siècle. Collection de Ed Marquand.

Pages 140-141 Figurines en céramique, Mexique. Collection de Dolph Gotelli. Photographie : Ed Marquand.

Pages 144-145 Photographie : Marsha Burns.

Pages 148-149 Photographie : Marsha Burns.

Page 150 Sœur Juana Beatriz de la Fuenete, *La Pastorela (L'Arbre de Vie)*, Mexique, 1805. Musée des Beaux-Arts de San Antonio, San Antonio, Texas, USA.

Page 151 Collection de Ed Marquand.

Pages 154-155 (en haut) Affiches de cirque. Collection de Ed Marquand. Photographies : Rob Vinnedge.

Pages 156-157 Masques. Collection de Dolph Gotelli. Photographie : Ed Marquand.

Pages 158-159 : Jerald Frampton, *Le Petit Garçon et le masque*, 1989. Copyright © Jerald Frampton.

Page 160 Chan Ku Yi, *Le sénateur vainqueur du Diable*, 1996. Collection de Ed Marquand. Photographies : Rob Vinnedge.

Page 161 Chan Ku Yi, *Le Diable vainqueur du sénateur*, 1996. *Ibid*.

Pages 162-163 Marco Prozzo, *La Boîte à outils du Diable*, 1996.

Page 165 *Le Paradis sinon rien. Le Combat du pécheur*. Mexique. Collection de Deb Colburn.

Ce livre est dédié à mes petits amis :
Ralph, les Pat, Jesse, Phyllis et Bob,
si diaboliques et si futés.

Titre original : *The Devil's Mischief*
Traduit de l'anglais par Constance Château

Maquette : Ed Marquand et John Hubbard
Choix des textes littéraires : Laura Iwasaki
Conçu et réalisé par Marquand Books, Inc. Seattle
Mise en page de l'édition française : Studio X-Act, Paris

2e édition, 1997
Dépôt légal 4e trimestre 1996
ISBN 2-87946-103-0
Imprimé à Hong Kong

Nombre d'amis et collègues m'ont aidé à donner un support littéraire et artistique à ce livre. Parmi ceux-ci, Andrea Augé, Lois Barry, Marsha Burns, Sam Davidson, Gail Gibson, Dolph Gotelli, Nancy Grubb, Laura Iwasaki, Susan Kelly, Richard Lorenz, Tom Matthiesen, Marion Oettinger, Marco Prozzo, Kerry Quint, Kiff Slemmons, Gillian Speeth, Claudia Vernia et Pamela Zytnicki. Une grande partie du plaisir qu'on trouve à la préparation d'une anthologie réside dans les conversations qui jaillissent de la recherche.
Les plus intéressantes me furent procurées par Colin Campbell, Michael Longyear, et John Stevenson : la préparation de ce livre est intimement liée à leurs travaux, à leur talent, et à leur indulgence (pour ne pas parler de l'humour), dont ont également fait montre Jesi Asagi, Christina Gimlin, Manine Golden, John Hubbard, Carole Jordan, Susan Kelly, Tomarra LeRoy, Randalee Maddox, Noreen Ryan, Marta Vinnedge, Marie Weiler et Pamela Zytnicki. Je tiens également à remercier Owen Dugan, Patricia Fabricant, Mark Magowan, et Myrna Smoot d'Abbeville Press à New York pour leur soutien et leurs conseils.

Je suis également redevable à deux livres importants : *The History of Heaven and Hell in Western Art* de Robert Hughes, et l'étude d'Alice Turner *The History of Hell*.